KB274324

소나무

소나무

김현우 지음

변치 않는 푸름 그리고 情

이담 Books

작년에 전국을 다니면서 은행나무 사진을 찍었다. 사진작가도 아니고 마땅히 좋은 카메라를 가지고 있던 것도 아니지만, 몇 군데 이름난 곳을 찾아다니며 사진을 찍다가 우연히 은행나무를 보게 되었다. 나무 앞 안내판에 써진 나무 유래와 전설·일화 등의 이야기를 읽고 처음에는 그저 재미있다는 생각에 웃기도 하였으나 나중에 생각해보니 그것이 우리 의식구조의 한 단면인 동시에 문화라는 것을 알게 되었다.

사진을 찍다 보니 나무마다 각기 다른 분위기와 모습을 하고 있는 것을 보고 이내 관심을 갖게 되었다. 초기에 찍은 사진의 경우 흔들린 것이 많아 나중에 다시 가서 찍은 나무들도 많았다. 식물학자도 아니고 사진작가도 아닌 내가 왜 그렇게 많은 나무를 찾아다녔을까. 그동안 주변의 나무를 무심코 바라보기만 했었다. 그저 그 자리에 그렇게 서 있는 것이라는 생각. 봄이 되면 싹이 나고, 여름에는 잎이 무성해지고, 가을이 되면 단풍이 들고, 겨울엔 낙엽이 진다는 단순한 생각

뿐이었다. 그런데 지금은 나무가 내게 새로운 탐구대상으로 다가오기 시작하였다.

은행나무 사진을 찍으러 다니다가 또 다른 나무세상을 만났는데 그것은 소나무, 매화나무, 느티나무였다. 나무를 만나다 보니 나무가 곧 인생이요, 나무가 곧 인간이라는 생각을 하게 되었다. 같은 소나무라고 해도 그 모습과 분위기, 그리고 사는 터전이 각기 다르다. 웅장하고 힘 있게 위로 뻗어 올라간 소나무가 있는가 하면 휘어져서 나선형으로 용틀임하듯이 자라는 소나무도 있다. 그런가 하면 높이 자라지 않고 낮게 드리우는 소나무도 있다. 상처받지 않고 사는 소나무도 있고, 상처받아 이곳저곳이 썩어 가면서도 의연함을 잃지 않는 소나무도 있다. 인간의 모습, 인간이 사는 세상과 닮았다는 생각이 든다.

고택이나 서원, 정자 부근에 있는 나무사진을 찍다 보니 그 나무가 속해 있는 혹은 나무 곁에 있는 고택, 서원, 정자 등의 유형 문화재에 대해서도 관심을 갖게 되었다. 나무로 인하여 문화의 세계로 들어오게 된 것이다. 어쩌면 평생 접하지 못했을 수도 있는 나무와 문화의 세계에 초심자로서 발을 디디게 된 것은 하나의 '행운'이다.

나무는 우리에게 문화와 역사를 증언해 주기도 한다. 오래된 나무들은 그 희귀성·특이성에 더하여 역사성, 즉 역사적 인물이나 설화와 관련되어 있는 경우가 많다. 아직은 출발선상에서 크게 벗어나지 못하고 있지만 나무를 통하여 우리의 문화와 역사를 배우는 재미가 보통은 아니라는 것은 알 수 있다. 그런 의미에서 다시 한번 나무는 인생이고, 인간이고, 문화이자 역사라고 말하고 싶다.

지금은 그저 사진을 찍고 나무에 대한 설명을 듣는 것으로 만족하는 초심자이지만 앞으로 좀 더 많은 나무를 접하면서 나무에 대한 견문과 지식을 넓혀 가고자 한다.

소나무를 찾아다니다 보니 경북 예천의 석송령 소나무처럼 먼 곳에

서부터 방향안내를 해 주어 쉽게 나무를 보러
갈 수 있도록 해 주는 곳이 있는가 하면, 괴산
적석리 소나무처럼 그 마을까지는 갈 수 있어
도 방향안내가 되어 있지 않아서 나무가 어디
에 있는지 알 수 없는 곳도 있다. 명색이 천연
기념물 나무인데 방향안내판이 설치되어 있
지 않으면 찾아가는 이들에게 불편을 줄 수도
있다. 처음에 적석리 소나무를 찾아 나섰다가
고생만 하고 찾지 못했기에 두 달 후에 다시
길을 나섰다. 이곳인가 저곳인가 헤매다가 산
기슭 과수원에서 작업을 하고 있던 홍성주 씨
를 만났는데, 그분이 직접 길안내를 해 주었기
에 소나무를 만날 수 있었다. 바쁜 중에도 언

덕길을 내려와 길을 안내해 준 홍성주 씨에게 감사드린다.

또 원주 구룡사 매표소 부근에 있는 제2황장금표를 찾지 못하는 나
를 데리고 황장금표가 있는 곳까지 친절하게 길안내를 해 준 부흥상
회 주인아저씨에게도 감사의 뜻을 전한다. 이분들이 아니었으면 귀
한 소나무와 역사적 자료를 만나지 못했을지도 모른다. 한 사람, 한
사람 거명은 안 해도 각지에서 길을 알려 준 많은 분들에게 감사하
게 생각한다.

'은행나무'에 이어 이번 '소나무' 책에서도 좋은 편집을 해 준 한국학
술정보(주)의 편집담당자 여러분에게 감사드린다.

2010년 1월

김 현 우

1. 소나무가 있는 곳의 문화재 연혁이나 역사에 관해서는 주로 현지 안내판, 리플릿(안내책자), 그리고 백과사전의 내용을 참고하였다. 소나무의 수령, 높이, 둘레 등 제원에 관해서는 주로 현지 안내판을 참고하였다. 소나무의 수령, 즉 나이는 대부분 추정치이며, 일부 소나무의 나무 높이도 육안에 의한 추정치이다.

2. 소나무의 내력과 전설 등은 현지 안내판, 서원이나 사찰 등의 홈페이지, 문화재청 홈페이지 등의 자료를 이용하였다.

1
소나무 개관

:: 변화하는 한반도 식물분포　12

:: 소나무의 생태　13

:: 소나무의 종류　16

소나무 보호 및 관리 – 황장봉계 표석(황장금표)　18

:: 소나무 울타리, 받침대, 안내판　26

:: 소나무와 민속신앙　31

2
소나무 탐방

1. 서울　36

2. 인천 · 경기　45

3. 강릉 · 강원　60

4. 청주 · 충북　89

5. 대전 · 충남　104

6. 전주 · 전북　117

7. 광주 · 전남　136

8. 대구 · 울산 · 경북　161

9. 부산 · 경남　220

10. 제주　258

01 소나무 개관

옛날부터 '겨울이 되어야 소나무의 푸름을 안다'고 하였으며, 추사 김정희는 그의 작품 '세한도'에서 소나무의 푸른 기상을 통해 올곧은 선비 정신을 기렸다.

01 소나무 개관

▌변화하는 한반도 식물분포

옛날부터 '겨울이 되어야 소나무의 푸름을 안다'고 하였으며, 추사 김정희는 그의 작품 '세한도'에서 소나무의 푸른 기상을 통해 올곧은 선비정신을 기렸다.

소나무와 관련된 속담으로는 '송무백열(松茂柏悅)'이 있다. 소나무가 무성해지니 잣나무가 기뻐한다는 뜻이다. 친구의 잘됨을 기뻐한다는 의미로 사용되는 말이다. 또 '송백지조(松柏之操)'라는 말이 있는데 이는 소나무와 잣나무의 푸름처럼 변하지 않는 지조를 뜻하는 말이다. 이처럼 소나무는 우리의 기상과 선비정신, 절개, 지조, 우정을 기려 온 나무이다.

그런데 지구온난화의 영향으로 인해 한반도의 식물분포가 바뀔 것이라는 전망이 계속 제기되고 있다. 산림과학원은 2009년 1월, 지난 100년간 한반도의 연평균 기온은 1.5℃ 상승했으며, 향후 100년 후에는 4℃ 더 상승할 것이라는 전망을 하였다.

산림과학원은 급격한 기후 변화로 현재 전국에 분포하고 있는 소나무가 강원도와 지리산 일부 지역에서만 생장할 수 있을 것으로 예상하고 있다. 특별한 관리를 하지 않으면 50년 뒤에는 우리나라의 대표 수종인 소나무를 강원도와 일부 지역에서만 보게 될지도 모른다는 얘기이다.

우리에게는 특별한 의미를 갖는 소나무이지만 앞으로는 서늘한 강원도를 비롯한 일부 지역, 북한 지역 북부에서만 보게 될 가능성이 있다는 것이다.

산림과학원은 또 한반도 북쪽 일부를 제외한 지역이 모두 아열대 기후로 바뀌게 되면 소나무 대신 더위에 강한 졸참나무, 서어나무 등이 한반도를 대표하는 나무가 될 것이라고 예측하였다.

▌소나무의 생태

소나무의 꽃말은 '불로장생, 변하지 않는 사랑' 등이다. 또한 씩씩함, 굳은 절개, 우정, 깊은 부부애를 상징하기도 한다.

소나무는 기운이 맑기 때문에 큰 소나무 밑에 있으면 건강해진다고 한다. 우리 조상들은 아주 오래전부터 소나무 재목으로 지은 집에서 살면서 땔감은 소나무와 솔가지로 하여 향기 좋은 솔 연기를 맡으며 살았다. 솔잎을 사용한 송편을 먹고, 송화다식과 솔잎 술을 마시며 풍류를 즐기기도 하였다. 선비들은 담장 안에는 매화, 대나무를 심고 밖에는 소나무를 심어 감상하였다. 때로는 마당 안에 소나무를 심기도 하였다.

이렇게 우리 생활과 밀접한 관계를 맺어 온 소나무는 그 생태를 볼 때 나무 높이가 30m 정도까지 자라는 나무이다. 필자가 답사한 전국의 소나무 중 30m 높이까지 자란 영월의 관음송과 제주 산천단의 곰솔이 키가 가장 큰 소나무들이다.

수피(樹皮), 즉 껍질을 보면 백송·적송·곰솔 등 종류에 따라 다르지만 백송은 은빛에 약간 푸른빛이 섞여 있으며, 적송은 선명한 적갈색, 곰솔은 흑갈색을 띠고 있다.

솔잎은 길이 8~14㎝, 너비 1~1.5㎜로 2장씩 모여 달리며, 백송의 경우에는 3장이 달린다. 꽃은 지역에 따라 그 시기가 다른데, 대체로 4~5월경에 연노란색의 암꽃과 수꽃이 한 나무에 따로따로 피는 것을 볼 수 있다.

낙엽 지는 나무들은 스스로 잎을 놓음으로써 겨울을 대비하는데, 1년 내내 푸른 솔잎을 자랑하는 소나무는 어떻게 겨울을 나는 것일까 하는 의문을 갖게 된다.

식물학자들에 의하면 늘 푸르기만 한 소나무들도 가만히 앉아서 겨울을 맞이하고, 봄을 기다리는 것은 아니라고 한다. 지방함량을 높여 겨우내 조금씩 소모할 영양분을 저장하고 더불어 외부 추위를 막는다는 것이다. 찬 기운이 드나드는 조직의 구멍들은 주변에 두꺼운 세포벽과 아주 두꺼운 왁스 층을 만들어 효과적인 열(熱)과 수분(水分) 관리가 가능하도록 조절하는 것이 바로 월동준비의 핵심이라고 한다.[1] 날씨가 차가워지면 나무의 세포 속에는 아미노산과 설탕 등의 탄수화물이 증가하여 얼음 핵이 생기는 것을 억제한다고 하는데, 이런 '항(抗)결빙' 물질의 축적이 바로 해답이 되는 셈이다. 그러니까 소나무는 당분을 세포에 축적하여 추위를 대비하는 것이다.

소나무가 있는 곳을 지나다 보면 느끼는 점이 있다. 소나무 밑에는 왜 풀이나 다른 수목이 자라지 못하는 것일까 하는 것이다. 식물학자들에 의하면 소나무는 자기들끼리 모여 살아야 잘 살 수 있다고 한다. 뿌리에 영양분을 분해시켜 주는 공생균이 살아가는데 잎 큰 나무가 들어오면 공생균이 없어지게 되고 소나무가 살아가기 힘들어진다. 그래서 소나무는 다른 나무 씨앗이 들어오지 못하도록 솔잎을 계속 밑으로 떨어뜨려 두껍게 쌓아 놓는다. 만일 씨앗이 들어와 싹을 틔우게 되면 소나무는 송진을 분비하여 싹을 죽여 버린다고 한다.[2] 소나무나 솔숲에 가면 솔잎이 쌓여 있는 것을 보기는 했지만 소나무가 솔잎을 떨어뜨리는 데 그런 깊은 뜻이 있는 줄은 모르고 지내 왔다.

이렇게 강인하고 자기 방호벽을 스스로 쌓을 줄 아는 소나무도 온난화라고 하는 환경변화에는 무력해질 수 있다. 더위에 내성이 있는 품종을 개발하면 좋겠지만, 그렇지 못한 경우 기존의 소나무 숲을 잘 관리하고 유지하는 데 힘써야 할 것이다.

전국의 90여 곳의 소나무 혹은 소나무 숲을 다녀 보니 온난화가 아니더라도 이미 우리의 소나무들은 상처받고 있다. 명색이 천연기념물 혹은 시도기념물로 지정된 나무들의 상당부분이 말라죽어 가고 있거나 병충해로 인해 푸른 솔잎이 갈색을 띠어 가고 있다.

다시 소나무의 생태를 보면, 양지식물인 소나무는 다른 나무들이 자라기 힘든 메마른 곳에서도 깊이 뿌리를 내리고 자란다. 흙이 없는 암반 위에 자리를 잡은 하동 축지리의 문암송이 그러하고, 지금은 고사했지만 정선 몰운대의 노송이 그러하다.

그렇지만 소나무는 다른 한편에서 사람의 관리를 필요로 하는 나무이다. 여러 곳의 소나무가 관리 소홀로 고사하거나,

1) 이유미, '겨울, 나무가 장하다', 〈조선일보〉 2009년 1월.

2) http://c0c.wo.to/ (검색일: 2008. 11. 30.)

나무 주변 정비 사업을 하면서 오히려 멀쩡한 나무를 잡은 사례가 있다. 전문가 입회 없이 행하는 나무관리가 나무에게는 재앙이 되고 있다. 다른 나무와는 달리 소나무는 유난히 민감한 나무라고 하는데, 복토를 조금만 잘못해도 고사하는 것을 볼 수 있다.

▌소나무의 종류

소나무는 겉씨식물들로 이루어진 소나무과(科)에 속하는 상록교목이다. 소나무과 식물에는 세계적으로 11속 약 250종이 있는데 그 가운데 소나무속은 중세대(中世代) 백악기부터 지금까지 약 90종이 알려져 있다.

소나무의 학명은 '피누스 덴시플로라(Pinus Densiflora)'인데, 피누스(Pinus)는 이 나무의 라틴명이고 덴시플로라(Densiflora)는 꽃이 빽빽이 모여 난다는 뜻으로 소나무의 암꽃과 수꽃의 상태를 표현한다.[3] 소나무는 넓게 통용되고 있는 일반적인 이름이고 더러 솔, 참솔, 송목(松木)으로도 부른다.

이 책에 소개된 소나무의 종류는 백송, 반송, 곰솔, 적송 등 네 가지이다.[4]

:: 백송(白松)

백송은 나무껍질이 넓은 조각으로 벗겨져서 흰빛이 되므로 백송 또는 백골송(白骨松)이라고도 한다. 중국이 원산지인 백송은 흔히 보기 어려운 희귀한 소나무 종류이다. 잎은 한 다발에 3개씩 나며(세 갈래 잎), 문지르면 향기가 난다.

:: 반송

반송(盤松)은 줄기 밑 부분에서 굵은 가지가 여러 개로 갈라져 자라는 소나
무이다. 두 갈래 잎이 난다.

:: 곰솔(해송)

곰솔은 바닷가를 따라 자라는 소나무의 한 종류이며, 잎이 일반 소나무 잎보
다 억센 편이다. 줄기껍질의 색깔이 대체로 검은 빛을 띠고 있다. 바닷가를
따라 자라기 때문에 해송(海松)이라고도 부른다.

곰솔은 바닷바람에 견디는 힘이 강하며, 염분에도 강하여 바닷가의 바람을
막아 주는 방풍림(防風林)이나 방조림(防潮林)으로 많이 심는다. 곰솔 숲은
바닷가 모래언덕을 보호하는 효과가 있어서 특별히 보호되고 있다. 두 갈래
잎이 난다.

:: 적송

껍질이 붉고 가지 끝에 붙은 눈의 색깔이 붉은 소나무를 적송(赤松)이라고 한
다. 적송은 붉은색 표피를 가지는데, 흔히 말하는 황장목(黃腸木), 춘양목(春
陽木), 금강송(金剛松)은 종류로 보면 모두 적송이다.

적송을 금강송 등으로 부르는 이유는 더디게 성장하기
때문에 나무 조직이 조밀하고 송진 함유량이 많아 잘 썩
지 않으며, 갈라지지 않고, 강도가 높기 때문이다. 특히
속이 황금빛을 띠어 황장목(黃腸木)이라 불리기도 한다.

적송은 껍질의 색이 붉은빛을 띠기 때문에 붙여진 이름
이며, 두 갈래 잎이 난다.

3) 일본인 학자들이 소나
무를 'Japanese Red
Pine', 즉 '일본 적송
(日本赤松)'이라고 세
계 식물학계에 소개하
면서부터 소나무는 국
제사회에서는 '일본 적
송'으로 통용되고 있다.

4) '처진 소나무'는 적송의
한 종류로 보이므로 별
도로 분류하지 않았다.

소나무 보호 및 관리 – 황장봉계 표석(황장금표)

:: 보호 · 관리되는 소나무

2009년 6월 현재 천연기념물로 지정되어 있는 소나무는 39그루이다. 세부 분류를 해 보면 소나무 18건, 백송 5건, 반송 5건, 곰솔 7건, 처진 소나무 4건이다.

이 밖에도 각 시도별로 희귀성과 보존 가치가 있는 소나무를 선별하여 시도 기념물 혹은 보호수로 지정하여 보호하고 있다.

:: 황장봉계 표석

조선시대에 강원도, 설악산, 삼척, 울진 등 강원도와 경상북도 지역의 금강송 산지에 일반인의 출입을 통제하는 황장봉계 표석을 60여 곳 이상 지정하였다고 한다. 황장봉계 표석(황장금표)을 세워 일반인들의 출입과 소나무 벌목을 엄격히 통제한 것은 소나무가 여러 용도로 사용되는 가치 있는 나무이기 때문이다.

황장 혹은 황장목(黃腸木)이란 나무의 수심 부분에 색이 누렇고 몸이 단단한 질이 좋은 소나무를 가리키는 말이다. 황장목은 나무의 안쪽색깔이 누렇고 질이 좋은 소나무로서 왕실에 올리는 특산물 중의 하나이다. 황장목의 용도는 다양하여 주로 왕실에서 신관을 만드는 데 쓰이는 재목, 궁궐 건축이나 군선(軍船) 등을 건조할 때 쓰는 재목으로 활용되었다.

다용도로 쓰이는 품질 좋은 소나무의 남벌을 막기 위하여 국가가 지정한 소나무 보호 국유림을 '황장봉산'이라고 한다. 황장봉산의 표시로 세우는 것이 황장봉계 표석이다. 봉계 표석은 그것이 위치한 일대가 황장목 보호구역이라는 것을 알리는 기능을 한다.

전국에 남아 있는 황장봉계 표석은 몇 군데 되지 않는데 이 중 여섯 곳을 답사해 보았다. 참고로 황장봉계 표석의 명칭은 지역마다 조금씩 다른데 의미는 동일하다. 황장봉계 표석은 '황장금산', '황장금표' 혹은 '봉산'으로 표기되어 있는데 모두 일반인의 산 출입과 소나무 벌목을 금한다는 의미를 갖는다.

:: 인제 한계리 황장봉계 표석(황장금산)

강원도 인제군 북면 한계리의 치마골 계곡 좁은 길을 따라 올라가다 보면 민가가 보이고 민가를 지나 다시 올라가면 황장봉계 표석을 만나게 된다. 이곳은 치마바위에서 내려오는 자락의 하나로 제법 높은 지역에 표석이 세워져 있다. 이 표석 너머에 사찰이 있었는데 사찰을 오가는 사람들이 오가며 볼 수 있도록 하기 위해 이렇게 높은 곳에 표석을 세운 것으로 보인다.

그런데 다른 곳의 황장봉계 표석과는 달리 이곳의 표석은 쉽게 알아볼 수가 없다. 심하게 마모가 되어 육안으로 보면 잘 보이지 않으며, 사진을 찍어 보면 더욱 알아보기 힘들다. 표석과 관련하여 이곳의 토지소유주 임영완 씨의 친절한 설명과 안내를 받았으며, 그분이 갖고 있던 탁본을 볼 수 있었다.

탁본에서 15개의 글자를 볼 수 있는데 원문과 내용은 다음과 같다.

黃腸禁山　　　　황장 소나무산으로 입산을 금지함

自西古寒溪　　　서쪽으로는 고한계리부터

至東界二十里　　동쪽으로는 이십리까지

민가 윗부분에는 밭이 있고 농작물이 재배되고 있는데 야생동물들이 농작물에 해를 끼치므로 피해를 막기 위해 밭 주변에 전류가 흐르는 철선이 설치되어 있다. 무단으로 이 철선을 넘는 것은 매우 위험한 일이므로 이곳의 표석을 보려는 사람은 반드시 민가에 들러 토지소유주에게 표석방문에 대해 이야기하고 안내를 받는 것이 좋다.[5]

한계리 황장봉계 표석부근에서 내려다 본 전경

황장봉계 표석－탁본
(임영완 씨 제공)

:: 원주 학곡리 황장봉계 표석(황장금표)

일종의 보호림 표식이라고 할 수 있는 황장금표제도는 조선시대 초기부터 있었던 것으로 원주 치악산에는 질 좋은 소나무가 많을 뿐 아니라 강원감영이 가까워서 관리에도 유리한 면이 있었다. 한강 상류에 자리하여 뗏목을 만들어 섬강과 남한강을 거쳐 한양(서울)까지 운반하는 데 편리하였다.

① 제1황장금표

치악산 학곡리 구룡사 부근에는 2개의 황장금표(黃腸禁標)가 설치되어 있다. 처음에 발견된 구룡사 매표소 옆의 제1황장금표는 폭 110cm, 높이 47cm, 둘레 270cm 크기의 자연석에 새겨져 있으며, 새겨진 글자의 크기는 대략 가로 11cm, 세로 14cm이다.

치악산 내의 구룡사로 들어가는 입구 왼쪽에 놓여 있는 것으로, 황장목(黃腸木)의 보호를 위하여 일반인의 벌목을 금지하는 경계의 표시이다. 조선시대에 만들어진 것이며, 강원도 원주시 소초면 학곡리 1061번지 구룡사 경내에 있다. 구룡사에서 관리하고 있다. 이 금표는 1979년 5월 30일 시도기념물 제30호(원주시)로 지정되었다.

금표는 작은 바위의 한 면을 평평하게 다듬어 '황장금표(黃腸禁標)'라는 글귀를 새긴 모습이다.

5) 토지소유주인 임영완 씨 주택 부근에는 큰 바위가 있고 그 바위에는 1360년경 마의태자가 이곳에서 일시 기거하다가 새긴 글자가 있는데, 마모가 심하여 알아보기 힘들 정도이며 겨우 글자 몇 개 정도 그 형태가 보일 뿐이다.

제1황장금표

② 제2황장금표

나중에 발견된 제2황장금표는 흙속에 일부가 묻혀 있어 정확한 크기는 알 수 없으나 가로 24cm, 세로 25cm의 공간에 '황장금표(黃腸禁標)'라고 새겨져 있으며, 제1황장금표가 있는 곳에서 300여 m 떨어진 도로 아래에 있다. 구룡사 매표소 부근의 식당 '부흥상회' 뒤로 나 있는 비탈길을 따라 내려가면 야영장 가는 길이 있는데 야영장 조금 못미처 작은 도로 변에 설치되어 있다.

수풀에 가려있는 제2황장금표

제2황장금표

:: 영월 두산리 황장봉계 표석(황장금산)

강원도 영월군 수주면 두산 2리 황장골에 황장봉계 표석이 있다. 마을에는 시냇물이 흐르고 있는데, 이를 가로지르는 작은 다리 황정교 교량 모퉁이에 폭 55cm, 높이 95cm 되는 흰색 돌 표면에 '황장금산(黃腸禁山)'이라고 음각되어 있다. 이 표석은 조선 순조 2년(1802)에 세워졌는데 이 지역의 황장, 즉 소나무를 보호하기 위한 것이다.

이 표석을 보기 위해서는 먼저 두산 2리 경로당을 찾는 것이 좋다. 경로당에서 100여 m 거리에 황정교가 있고 그 다리 옆에 표석이 있다. 마을 사람들은 이것을 '황장금표'라고 부르고 있다.

황장봉계 표석 – 영월군 수주면 두산 2리 황장골

:: 문경 황장봉계 표석(봉산)

경상북도 문경의 황장산 봉산표석(黃腸山封山標石)에는 '봉산(封山)', 즉 입산을 금한다고 쓰여 있다. '봉산'이란 '금산(禁山)이나 금표(禁標)'과 같은 뜻이다. 강원도 한계리의 표석이나 울진 소광리의 표석과는 달리 '봉산'의 경계가 표석 위에 표시되어 있지 않다. 이 지역 일대의 모든 황장목을 지정한 광범위한 경계 설정이라고 볼 수 있다.

황장산 근처 마을 입구의 하천변에 놓여 있는 봉산 표석의 형태는 높이 103cm의 화강암 면을 잘 다듬은 직사각형의 모습을 하고 있으며, 돌 앞면에 '봉산(封山)'이라는 두 글자를 음각하였다.

황장산은 대미산(大美山)을 주령으로 하는 표고 1,077m의 산인데, 여기에 일반인의 출입을 통제하기 위하여 1680년(조선시대 숙종 6년)에 봉산하였다. 이곳의 표석은 그때 설치된 것으로 추정되고 있다.

문경시 동로면 명전리 188번지에 가면 하천이 보이는데, 하천을 건너면 바로 보름달같이 생긴 둥근 형태의 수형을 한 나무가 있고, 그 나무 옆에 표석이 있다.

문경의 황장산 봉산표석은 1990년 8월 7일 문화재자료 제227호(문경시)로 지정되었다. 경상북도 문경시 동로면 명전리 188-1에 위치하고 있으며, 문경시에서 관리하고 있다.[6]

황장봉계 표석 – 문경시 동로면 명전리

:: 울진 소광리 황장봉계 표석

경상북도 울진군 서면 소광리의 황장봉계 표석은, 황장 봉산(黃腸封山)의 경계를 표시하기 위한 것이다. 황장봉 산제도는 조선시대 숙종 6년(1680)에 처음 시작되었는데 이후 여러 지역으로 확대되었다. 이 제도는 양질의 소나 무인 황장목을 확보하기 위해 황장목이 있는 지역을 '봉 산(封山)'이라고 지정하고 일반인들의 접근을 막았던 일 종의 산림보호 정책이었다.[7]

소광리의 표석은 오른쪽 5행 19자, 왼쪽 1행 4자로 되어 있으며, "황장목의 봉계(封界)지역은 생달현(生達峴), 안 일왕산(安一王山), 대리(大理), 당성(堂城)의 네 지역이며 관리 책임자는 명길(命吉)이다"라는 내용이 적혀 있다. 이 지역의 황장을 '명길'이라고 하는 이름을 가진 산지기 로 하여금 관리하게 했다는 구체적 인 내용의 표석이다. (黃腸封界 地 名 生達峴 安一王山 大里 堂城 山 直 命吉)

이 표석은 자연석을 다듬지 않고 그 대로 사용하였으며 높이는 195㎝ 정도이다. 1994년 9월 29일 문화재 자료 제300호(울진군)로 지정되었 으며, 울진군에서 관리하고 있다.

황장봉계 표석 – 경북 울진군 서면 소광리 산 262

:: 울타리

보호관리 대상이 되는 소나무는 그 주변에 울타리를 쳐서 보호한다. 그런데 나무에 따라서는 아무도 들어갈 수 없게 높은 울타리를 쳐 놓은 곳이 있는가 하면 쉽게 넘을 수 있는 낮은 울타리를 쳐 놓은 곳도 있다. 대부분의 나무는 일반형 울타리를 쳐 놓았으나 경북 예천의 석송령 소나무와 경북 영양의 답곡리 만지송은 개방형 울타리를 쳐 놓았다. 나무 정면의 울타리 부분을 열어 놓아 사람들이 나무 앞으로 접근할 수 있도록 한 것이다. 개방형 울타리는 당당하게 나무 앞으로 나아갈 수 있어서 울타리를 넘어갈 때 느끼는 심리적 부담감을 없애 주어서 좋다.

1. 개방형 울타리 – 예천 석송령 소나무
2. 개방형 울타리 – 영양 답곡리 만지송
3. 논개 이미지 울타리 – 장수 의암송
4. 소나무 문양 울타리 – 무주 삼공리 소나무

사람들은 소나무 밑에까지 가서 소나무의 정기를 받고자 한다. 때로는 정기까지는 아니더라도 나무 밑에 가서 나무의 맑은 숨결을 느끼고자 한다. 그런데 울타리를 넘어가게 되면 아무리 낮은 울타리라도 내가 뭔가 해서는 안 되는 일을 하는 것은 아닌지 하는 심리적인 부담을 가질 수 있다. 개방형 울타리인 석송령과 만지송은 나무 주변이 깨끗했다. 사람들이 와서 나무를 느끼고 가면서 쓰레기를 버리거나 가지를 자르거나 하는 일은 없어 보였다.

5. 창살 문양 울타리 – 상주 상현리 반송
6. 줄 울타리 – 하동 축지리 문암송
7. 나무 울타리 – 포천 직두리 부부송
8. 개방형 울타리 – 합천 화양리 소나무

:: 받침대

소나무의 줄기나 가지를 받쳐 주는 받침대는 다양한 모습을 하고 있다. 그 재
료와 형태가 각기 특색이 있다.

1. 듬직한 돌 받침대 – 예천 석송령 소나무
2. 자연스러운 나뭇가지 받침대 – 포천 직두리 부부송
3. 나무와 쇠가 뜻을 같이한 2단 받침대 – 함양 도천리 소나무
4. 백송 문양 받침대(일명 카멜레온 받침대) – 서울 재동 백송
5. 다양한 받침대 전시장 – 문경 대하리 소나무
6. 자연친화적인 나무 받침대 – 무안 망운면 송현리 소나무

:: 안내판

언제부턴가 소나무를 소개하는 현지 안내판이 개성 있는 모습으로 설치되고 있었다. 그 나무의 얼굴격인 안내판은 다양한 모습을 보이고 있는데, 그중 몇 가지만 소개한다.

1. 안내판－하동 송림
2. 안내판－이천 도립리 반룡송
3. 안내판－포천 직두리 부부송
4. 안내판－부여 수신리 반송

5. 안내판-영월 관음송
6. 안내판-속초 설악동 소나무
7. 안내판-장수 의암송
8. 안내판-울진 주인리 황금 소나무
9. 안내판-서울 조계사 백송
10. 안내판-예천 금당실 소나무 숲

소나무는 오래 사는 나무로 알려져 있으며 옛날부터 해, 산, 물, 돌, 구름, 불로초, 거북, 학, 사슴 등과 함께 십장생의 하나로서 장수를 상징해 온 나무이다.

소나무는 한편에서 은행나무, 느티나무와 함께 마을을 수호하는 동신목(洞神木)으로 여겨지는 나무이다. 소나무는 신성한 나무이기 때문에 하늘에서 신(神)이 하강할 때에는 높이 솟은 소나무 줄기를 택한다고 믿었다. 신목(神木)으로 정해진 소나무는 신성수로, 함부로 손을 대거나 부정한 행위를 하면 재앙을 입는다고 믿었다. 그래서 동제(洞祭)를 지내는 소나무 옆에는 솟대를 설치해 놓은 것을 볼 수 있다.

소나무 가지는 제의나 의례 때, 부정을 물리치는 도구로서 제의 공간을 정화하고 청정하게 하는 의미를 지니고 있다. 동제를 지낼 때에는 제사 지내기 여러 날 전에 신당은 물론, 제수를 준비하는 건물, 공동 우물, 마을 어귀 등에 금줄을 치는 것은 바로 이러한 이유 때문이다.

금줄은 새끼를 꼬아 만드는데 사이사이에 백지 조각이나 소나무 가지를 끼워 놓는다. 이는 밖에서 들어오는 잡귀의 침입과 부정을 막아 제사의 공간을 정화 또는 신성화하기 위해서이다.

출산 때나 장을 담글 때에 치는 금줄에도 숯, 고추, 백지, 솔가지를 끼워 넣는데 이 역시 잡귀와 부정을 막기 위해서다.

아이를 출산하면 대문에 금줄을 쳐서 외부인의 출입을 막고 정결을 유지하였다. 출산한 아기의 성별을 알리기 위해서 아들이면 붉은 고추를 숯덩이와 함께 금줄에 끼우고 딸이면 고추 대신 솔가지를 끼워 문에 내거는 풍습이 있다.

또한 오래된 소나무 앞에 가서 건강, 장수, 행복, 득남 등 소원을 정성껏 기원하면 이루어진다는 민속신앙이 있어 왔다. 옛날부터 많은 사람들이 소나무 앞에 가서 기원하고는 했는데 이것이 우리 생활문화의 한 부분을 차지해 온 것이 사실이다. 몇 가지 현장 사례를 사진으로 소개하고자 한다.

누군가 막걸리 공양을 하고 있다.

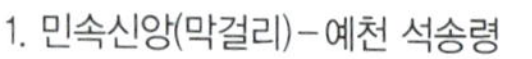

1. 민속신앙(막걸리)–예천 석송령
2. 민속신앙(금줄)–합천 화양리 소나무
3. 민속신앙(막걸리와 소주)–보은 정이품송
4. 민속신앙(금줄과 솟대)–문경 종곡리 소나무

5. 민속신앙(사당) – 부산 죽성리 해송
6. 민속신앙(사당) – 부산 좌수영지 곰솔
7. 민속신앙(금줄) – 괴산 삼송리 소나무

소나무 탐방

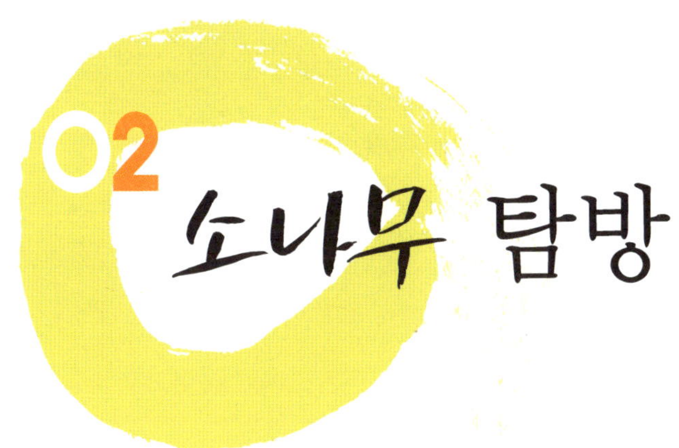

나무를 만나다 보니 나무가 곧 인생이요, 나무가 곧 인간이라는 생각을 하게 된다. 같은 소나무라고 해도 그 모습과 분위기, 그리고 사는 터전이 각기 다르다. 웅장하고 힘 있게 위로 뻗어 올라간 소나무가 있는가 하면 휘어져서 나선형으로 용틀임하듯이 자라는 소나무도 있다. 그런가 하면 높이 자라지 않고 낮게 드리우는 소나무도 있다. 상처받지 않고 사는 소나무도 있고, 상처받아 이곳저곳이 썩어 가면서도 의연함을 잃지 않는 소나무도 있다. 인간의 모습, 인간이 사는 세상과 닮았다는 생각이 든다.

02 소나무 탐방

1. 서울

서울시 종로구 재동 35번지 헌법재판소 경내에서 자라고 있는 백송은 수령 600년, 나무 높이 17m의 노거수이며, 희귀수종이기에 1962년 12월 3일 천연기념물 제8호로 지정되었다.

나무줄기가 지상 40㎝에서 두 줄기로 갈라졌으며, 가슴높이의 둘레가 각각 2.36m, 1.86m이다. 가지의 길이는 동서로 17.8m, 남북으로 18.5m이다. 백송은 헌법재판소 건물 바로 뒤편 언덕 위에 서 있는 관계로 배수가 잘되는 위치에 있다.

:: 나무 유래

백송은 나무껍질이 넓은 조각으로 벗겨져서 흰빛이 되므로 백송 또는 백골송
(白骨松)이라고도 한다. 조선시대에 중국을 왕래하던 사신들이 가져다 심은
것이라고 하는데 언제 누가 이곳에 백송을 심었는지는 알려지고 있지 않다.

:: 나무 상태

재동 백송은 지표면에서 줄기가 두 개로 갈라져 있는데, 밑동에 외과수술의
흔적이 크게 남아 있다. 그렇지만 비교적 건강하게 자라고 있는 나무이다.

:: 일화

재동 백송은 조선시대 고관대작들이 모여 살았던 이곳 재동에서 일어난 여러 역사적인 사건들을 보아왔다. 조선시대 말기 헌종의 어머니 신정왕후(神貞王后, 1808~1890)의 친정집이었던 이곳 사랑채에는 흥선대원군이 드나들며 왕정복고의 거사를 꾸몄던 곳으로 알려졌다.[8]

참고로 신정왕후는 순조(純祖, 재위: 1800~1834)의 세자인 익종(翼宗)의 비이며, 풍양 조씨로 아버지는 풍은부원군(豊恩府院君) 조만영(趙萬永)이다.[9] 1819년 12세의 나이로 세자빈에 책봉되었고, 1827년 헌종(憲宗)을 낳았다. 1834년 헌종이 왕위에 오르고 죽은 남편이 익종으로 추대되자 왕대비에 올랐고, 1857년(철종 8년) 순조의 비인 순원왕후(純元王后)가 죽자, 대왕대비가 되었다. 1863년 철종이 대를 이을 아들이 없이 죽자 안동 김씨 세력을 약화시키기 위해 흥선대원군 이하응(李昰應)의 둘째 아들을 양자로 삼아 왕위를 물려주었는데 그가 고종이다. 고종이 어린 나이에 즉위해 1866년까지 4년 동안 수렴청정을 했으나, 실질적인 권력은 흥선대원군에게 있었다.

:: 나무 위치

재동 백송 주변 터는 예전에는 창덕여자고등학교의 교정이었으나 현재는 헌법재판소가 위치하고 있다.

8) '나무들아, 서울을 들려주렴', 〈한국일보〉 2003년 11월 14일자.

9) 순조는 재위기간 동안 안동 김씨 세도정권의 확립으로 인하여 정치를 주도하지 못했으며, 당시 사회적으로는 봉건사회의 모순이 심화되어 대규모의 농민항쟁이 발생하기도 하였다.

전국의 백송 중에 가장 높이 자라난 재동 백송 ● 서울시 종로구 재동 35 헌법재판소 경내 ● 관리자: 종로구

종로구 수송동 소재 조계사(曹溪寺) 경내 대웅전 옆에는 백송(白松) 한 그루가 자라고 있다. 백송의 나이는 500년으로 추정되고 있으며, 나무 높이는 10m이다. 나무의 한쪽은 사람들이 오가는 통로에 인접해 있다. 이 백송은 희귀성을 인정받아 1962년 12월 3일 천연기념물 제9호로 지정되어 관리되고 있다.

대웅전 창살의 소나무

:: 나무 상태

원래 이 백송은 가지가 여럿 있었음을 알 수 있다. 한눈에 절
단되어 있는 굵은 가지가 여럿 있음을 보게 된다. 대웅전 쪽
으로 향한 가지 3개는 살아 있으며 다른 가지는 죽어서 절
단되었다. 이 나무가 편히 자랄 수 있는 좀 더 넓은 공간이 필요하다. 뿌리목
부근의 공간이 좁은 탓인지 수세가 약하고 굵은 가지 몇 개만 남아 있는 것
이 허전해 보인다.

:: 나무 유래

중국을 왕래하던 사신들에 의해서 들어온 것으로 전해지는데, 언제 누구에
의해서 이곳에 백송이 심어지게 되었는지에 관해서는 알려진 것이 없다. 일
제 강점기 때 조선총독부에 의해 천연기념물로 지정된 바 있다.

:: 대웅전 앞 진신사리 탑

조계사는 대웅전 앞뜰에 있는 '진신사리 7층 석탑'이 1930년대에 세워진 왜색
(倭色)을 띠는 탑이므로 격에 맞는 탑을 다시 건립하기로 하였다. 이 석탑 안
에는 1913년 스리랑카의 달마바라 스님이 한국불교계에 기증한 부처의 진신
사리가 들어 있다. 조계사 측은 이 석탑을 총무원 옆으로 옮기고 그 자리에 고
려시대 전통 탑 양식을 계승한 8각 10층탑을 건립하기로 하였다.[10]

2009년 8월 14일 7층 석탑 해체식이 있었으며, 약 2개월 후인 10월 8일 진신
사리 10층탑 및 사적비제막식이 거행되었다.

10) 〈중앙일보〉,
2009년 2월 3일자.

희귀한 나무 조계사 백송
● 서울시 종로구 수송동 44 조계사 경내
● 관리자: 종로구

용산구 원효로의 백송은 수령 400년, 나무 높이 10m의 희귀한 나무이다. 희귀성 때문에 1962년 12월 3일 천연기념물 제6호로 지정되었다. 그러나 뿌리 생육상태 불량으로 나무가 고사하여 2003년 7월 4일 천연기념물 지정이 해제되었다.

원효로 백송은 동쪽으로 줄기가 비스듬히 기울어져 자라고, 줄기 아랫부분은 많이 썩어서 수피가 죽어 외과수술을 받았다. 원래는 두 줄기가 있었는데 한 줄기는 오래전에 고사하였고 한 줄기가 남아 있었는데 이마저 고사하였다. 백송은 '심원정'이라는 정자 부근에 자리하고 있었다.

:: 심원정

심원정(心遠亭)은 임진왜란 때 쫓겨 가던 일본군과 조선을 돕기 위해 참전한 명나라 군대 간에 조선 군대를 배제한 채 강화교섭을 하였던 장소이다. 현재 정자는 없어지고, '왜명강화지처(倭明講和之處)'라고 음각된 표석이 남아 있다.

심원정은 조선시대 말기에는 영의정을 지낸 조두순(趙斗淳)의 별장이 되기도 하였으며, 당시 고관대작들이 자주 왕래하던 곳이었다.

백송이 고사하는 과정을 담은 사진 기록

백송표본

왜명강화지처 비석

:: 나무 유래

임진왜란 당시 강화교섭을 한 일본군과 명나라 군대가 강화를 기념하여 백송과 느티나무를 심었다고 전해진다. 백송은 고사하여 그 터에 있는 용산문화원 전시실에 표본이 전시되어 있고, 느티나무는 보호수로 지정되어 그 자리에서 자라고 있다.

외국군대 간의 강화교섭이 이루어진 곳의 소나무. 지금은 표본이 되어 있는 원효로 백송
● 서울시 용산구 원효로 4가 심원정길 14 용산문화원 전시실

2. 인천 · 경기

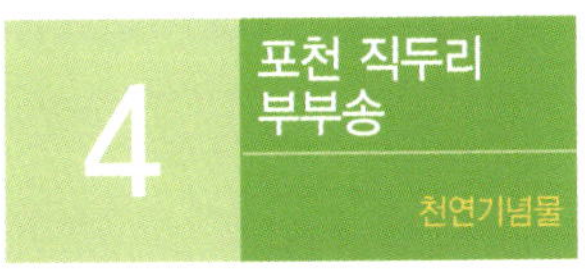

포천시 군내면 직두리의 야산에는 두 그루의 소나무가 자라고 있다.[11] 이들 소나무는 나지막한 언덕을 뒤로 하고 나란히 서서 서로를 안고 있는 듯한 모습을 하고 있으며, 멀리서 보면 마치 한 그루처럼 보인다. 부부송(夫婦松)이라고 불리는 이들 소나무 중 큰 나무는 수령 300년으로 추정되고 있다. 두 그루 모두 2005년 6월 13일 천연기념물 제460호로 지정되었다.

:: 나무 관리

나무 자체에는 썩은 부위가 있어서 외과수술을 한 흔적이 있으나, 나무 주변을 정비하였고, 나무받침대를 적절하게 설치해 놓아 관리는 잘되고 있었다.

나무 밑동에는 향을 피운 흔적이 있다. 나무 밑에서 촛불이나 향을 피우는 것은 자칫하면 화재로도 이어질 수 있는 매우 위험한 일이다.

제단

옆으로 뻗은 가지의 껍질

:: 나무 명칭

이 소나무는 처진 소나무의 일종으로서 원래는 '포천 직두리 처진 소나무'로 명명하기로 하였으나 포천시와 주민들이 이름이 적절치 않다고 하여 새 이름을 갖게 되었다. 포천시는 이 나무의 천연기념물 지정을 기념하고 지역주민들의 나무보호 의식을 높이기 위해 이름을 공모하였다. 이 두 나무는 부부와 같은 정겨운 형상으로 서 있기 때문에 부부송(夫婦松)이라 부르는 것이 좋겠다는 의견이 제시됨에 따라 '부부송', 즉 '부부소나무'라는 특이한 이름을 갖게 되었다.

부부들이 와서 돌을 올려놓고 건강과 행복을 기원한다.

:: 전설 1

일제 강점기 때 일본인들이 포천 지역의 정기(精氣)를 끊기 위해 영험한 신성을 가진 이 소나무의 가지 10개를 잘라 버렸다고 한다.

:: 전설 2

부부송 앞에서 부부가 함께 소원을 빌면 성취된다는 전설이 전해지고 있다.

:: 찾아가는 길

포천시청 가는 도로로 산길을 따라 구불구불 산을 넘어가면 '종갓집' 건물이
보인다. 그 건물 왼쪽에 자그마한 부부송 방향 지시판이 보인다. 그 방향으로
길을 따라 2km 정도 올라가면 언덕길이 나오는데 그곳에서 좌회전하여 조금
내려가는 길목에 성주사, 대해사 안내표시판이 있다. 부부송은 자그마한 사
찰 대해사 부근에 있다.

● 경기 포천시 군내면 직두리 190−7
● 관리자: 포천시

나무 뒤쪽 언덕에서 내려다 본 부부송 소나무

이천시 백사면 면사무소에서 서쪽으로 약 1.7㎞ 떨어진 도립리 어산마을에 반룡송 한 그루가 홀로 자라고 있다. 반룡송은 수령 850년, 나무 높이 4m이며, 1996년 12월 30일 천연기념물 제381호로 지정되었다.

:: 나무 명칭

이 나무의 모습이 하늘에 오르기 전에 땅에 서리고 있는 용의 모습이라 하여 반룡송(蟠龍松)이라고 부른다. 또는 1만년 이상 살아갈 용송(龍松)이라 하여 만년송(萬年松)이라고도 불리고 있다.

용트림하는 가지들

생동하는 용의 모습을 한 가지들

:: 나무 특징

높이 2m 정도에서 가지가 사방으로 갈라져 넓게 퍼져 있으며, 하늘을 향한 가지는 마치 용트림하듯 기묘한 모습으로 비틀리면서 180° 휘어진 모습을 하고 있다.

이 반룡송은 아주 오래된 소나무로서 모양이 아주 특이하며, 생물학적 자료로서도 가치가 높아 천연기념물로 지정되어 보호·관리되고 있다.

:: 나무 유래/전설

신라시대 말기 도선(道詵) 스님이 명당을 찾아 다닐 때 이곳 이천과 함흥, 서울, 강원도, 계룡산 등 5곳에 장차 큰 인물이 태어날 것이라고 예언하면서 심어 놓은 5그루의 소나무 중 하나라는 전설이 있다.

이곳은 조선시대 지리학자인 이중환(李重煥)이 자신의 저서 『택리지』에 복거지(卜居地)로 칭할 정도로 지세가 좋은 곳이다. 이중환은 택리지에 이르기를 함흥에서는 이태조(李太祖), 서울에서는 영조(英祖), 계룡산에서는 정감(鄭鑑)이 태어났으니 앞으로 이곳 이천에서 큰 인물이 태어날 것이라 하였으며, 이 일대에서는 실제로 과거급제자가 많이 배출되었다고 한다.

또 이 소나무의 껍질을 벗긴 사람
이 병을 얻어 죽었다는 이야기도
전해진다.

감탄을 자아내게 하는 도립리 반룡송
◉ 경기도 이천시 백사면 도립리 201－11
◉ 관리자: 이천시

이천 신대리의 백송은 수령 230년, 나무 높이 16.5m의 희귀수종이며 1976년 6월 23일 천연기념물 제253호로 지정되었다.

수피는 밋밋하고 큰 비늘같이 벗겨져서 회백색이 되므로 백송 또는 백골송이라고 한다. 나무의 줄기는 아래에서 둘로 갈라지고, 한 줄기는 위에서 다시 갈라져 3개의 줄기가 나무의 골격을 만들고 있다. 이들 줄기에서 잔가지가 위로 고루 뻗어 수관이 둥글고 정돈되어 있어 아름답게 보인다.

:: 나무 유래

신대리 백송은 조선시대에 전라도 감사를 지낸 민달용(閔達鏞)의 묘를 그 후손들이 이천으로 이장한 후 묘 주위에 식수한 나무이다. 이장한 시기는 1800년대로 전해지고 있다.

◉ 경기도 이천시 백사면 신대리 산 32
◉ 관리자: 이천시

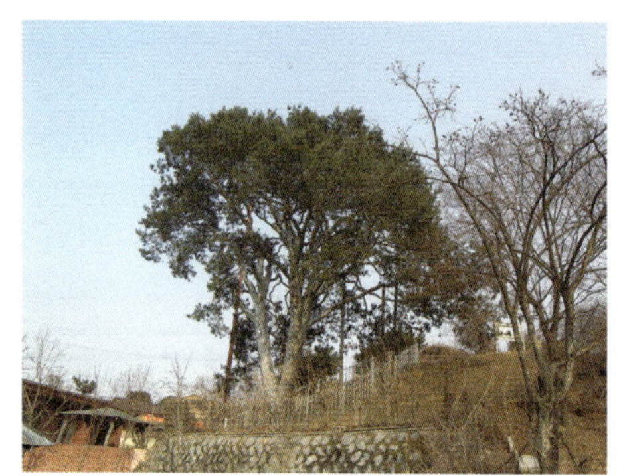

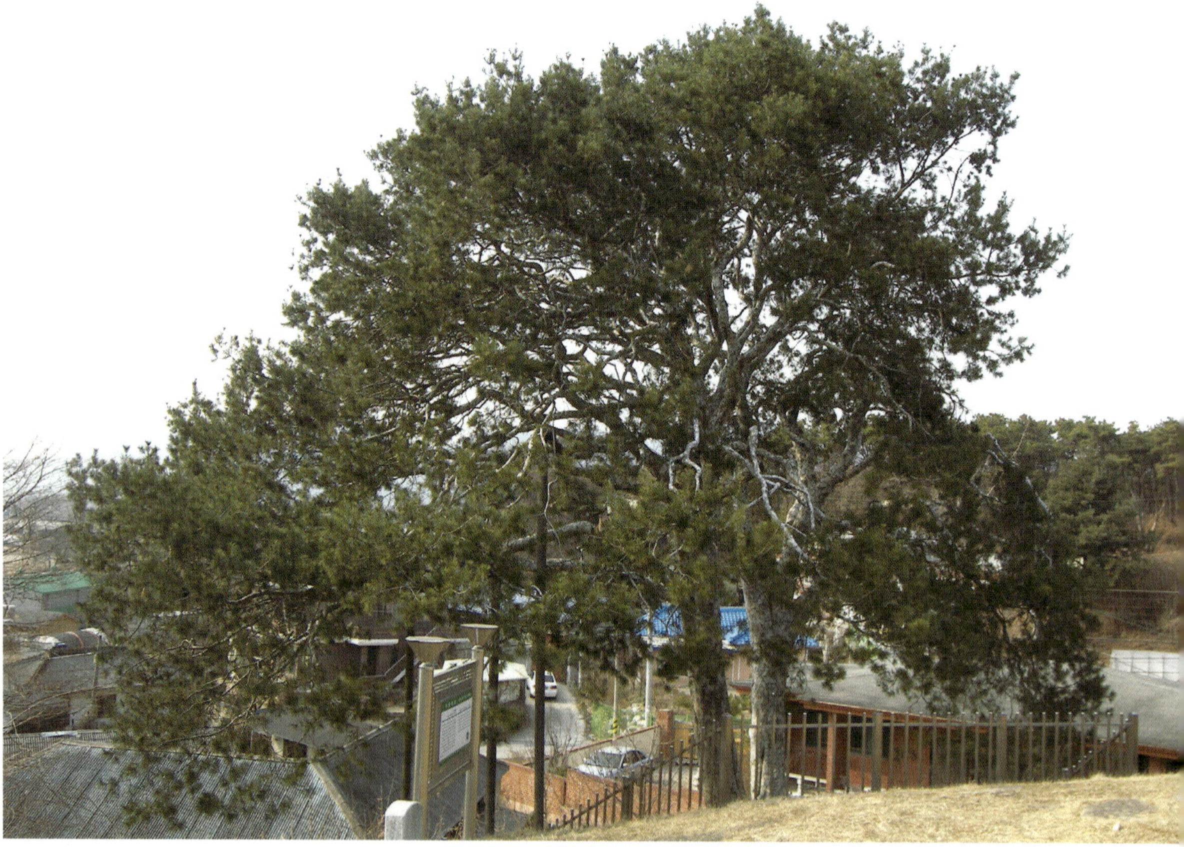

천연기념물 제253호 신대리 백송

고양시 덕이동에 위치한 송포(松浦) 백송은 수령 200년, 나무 높이 10m의 희귀소나무이며, 1962년 12월 3일 천연기념물 제60호로 지정되었다. 이 나무는 일제강점기 때 이미 천연기념물로 지정된 바 있다.

나무 1.4m 쯤 되는 높이에서 줄기가 2개로 갈라지고, 여기서 다시 60cm 쯤 올라가서 다시 2개로 갈라졌다. 마을 사람들은 이 나무를 중국에서 온 나무라고 하여 한동안 당송(唐松)이라 불렀으며, 나중에 백송으로 바꾸어 부르게 되었다.

안내판에는 200년으로 되어 있으나 아래의 나무 유래를 보는 한, 어느 것을 취하더라도 400년은 넘으며, 일제 강점기에 이미 천연기념물로 지정된 것을 보더라도 실제 수령은 430~570년은 될 것으로 추정된다.

이 백송은 조계사 백송이나 재동 백송에 비해 나무껍질이 희지 않은 편이다. 백송 부근에 시립 덕이 어린이집이 있는데, 그 거리는 불과 20~30m 정도이다. 시립 덕이 어린이집을 목적지로 정하여 찾아가는 것이 빠르다.

:: 나무 유래 1

조선시대 선조(재위 1567~1608) 때 우리나라를 찾아온 중국
의 사절로부터 덕이리에 살고 있던 유하겸이 백송 두 그루
를 선물 받았는데, 그중 한 그루를 이 마을에 살고 있던 최상
규(송포 백송의 소유자)의 조상에게 준 것을 묘지 주변에 심
은 것이 크게 자라난 것이다.

:: 나무 유래 2

조선시대 세종(재위 1418~1450) 때 도절제사(都節制使)[12]
김종서(金宗瑞)가 북쪽의 여진족을 물리치고 개척한 육진
(六鎭)에서 복무하던 최수원 장군이 고향에 오는 길에 가져
다 심은 것이다.[13]

귀한 소나무 송포 백송
● 경기도 고양시 일산구 덕이동 산 207
● 관리자: 고양시

서울에서 안양과 의왕을 지나 남쪽으로 향하면 지지대고개가 나온다. 고개 정상부에 의왕시와 수원시의 경계표지가 있는데, 이곳부터 수원방향으로 노송지대가 전개된다. 지지대비(遲遲臺碑)와 프랑스 참전 기념비가 있는 지지대고개 정상에서부터 옛날 경수국도(京水國道)를 따라 소나무들이 길 양편에 늘어서 있는 약 5㎞ 구간을 노송지대라고 하는데, 지금은 노송을 대로변에서 구도로 쪽으로 휘어진 곳에서부터 볼 수 있다.

노송지대(老松地帶) 소나무군은 1973년 7월 10일 시도기념물 제19호(수원시)로 지정되었다.

:: 영조, 사도세자, 정조

영조는 조선시대 제21대 임금(재위 1724~1776)이며, 사도세자는 영조의 둘째 아들이다. 사도세자의 어머니는 영빈(映嬪) 이씨(李氏)이며, 그의 부인은 영의정 홍봉한(洪鳳漢)의 딸 혜경궁(惠慶宮) 홍씨(洪氏)이다.

사도세자는 이복형인 효장세자(孝章世子)가 일찍 죽게 되자, 태어난 지 1년 만에 왕세자로 책봉되었고, 10세에 혜경궁 홍씨와 결혼하였다. 어려서는 학문을 열심히 하여 자신이 지은 시문을 신하들에게 나누어 주는 등 총명하였고, 세자 시절에는 소론 계열의 학자들로부터 학문을 배웠다. 그런데 10세 때 경종 때 발생한 신임옥사(辛壬獄事) 사건을 노론들이 잘못 처결하였다고 비판하여 일찍부터 노론의 미움을 받을 빌미를 제공하였다.

1749년(영조 25년) 15세가 되던 해, 사도세자가 영조의 뒤를 이어 왕위에 오를 경우 이미 정권을 장악한 자신들의 입지가 위축될 것을 우려한 노론들은 정순왕후(貞純王后) 김씨와 함께 그의 잘못을 영조에게 과대 포장하여 무고하는 등 세자의 지위에서 끌어 내리고자 하였다.

아버지 영조를 무서워한 사도세자는 궁궐 내에서 칼을 휘두르고, 함부로 궁녀를 죽이는 등 정신질환과 같은 비정상적인 행보를 보였다. 1762년 김한구(金漢耉)와 그의 일파인 홍계희(洪啓禧)·윤급(尹汲) 등은 세자의 장인 영의정 홍봉한(洪鳳漢)이 크게 세력을 떨치자 그 일파를 몰아내고 세자를 폐위시키고자 윤급의 종 나경언(羅景彦)을 사주하여 세자의 비행 10조목을 영조에게 올리도록 하였다(나경언의 상변). 영조는 세자의 비행을 적어 올린 나경언을 참형에 처하고, 세자를 불러 자결할 것을 명하였다. 그러나 세자가 살려 달라고 애원하자 그를 서인으로 폐하고 뒤주 속에 가두어 8일 만에 굶어 죽게 하였다.

영조는 자신의 행위를 뉘우치고 그에게 사도(思悼)의 시호를 내렸다. 1777년(정조 1년), 사도세자의 아들인 정조가 왕위에 오른 후에 사도세자를 장헌(莊獻)으로 추존하고, 묘(廟: 사당)를 경모궁, 묘(墓)를 영우원(永祐園)이라 하였다. 정조는 서울 동대문구 배봉산에 있던 묘를 수원으로 옮겨 영우원을 현륭원(顯隆園)이라 고치면서 격상시켰고, 자주 능행을 하면서 백성들에게 효의 모습을 보여 주기도 하였다. 광무(光武) 3년(1899)에는 현륭원을 융릉(隆陵)으로 승격시켰다.

:: 노송지대 설치 경위

정조대왕(재위 1776~1800)은 뒤주에 갇혀 비참하게 죽은 그의 아버지 사도세자에 대한 효심이 지극하였다. 그는 1776년 즉위하자 바로 양주 배봉산 아래 있는 사도세자의 묘 수은묘(垂恩墓)의 이름과 그에 대한 존호를 각각 영우원(永祐園)과 장헌세자(莊獻世子)로 고쳤다. 그리고 13년 후인 1789년 8월 영우원을 현륭원(顯隆園)으로 개칭하였다.

정조(正祖)는 1790년경 생부(生父) 장헌세자(莊獻世子) 원침(園寢)인 현륭원

(顯隆園, 지금의 융릉)의 식목관(植木官)에게 내탕금(內帑金) 1,000량을 하사하여 이곳에 소나무 500주와 능수버들 40주를 심게 하였다.

:: 나무 상태

정조가 심었던 500그루의 소나무는 대부분 고사(枯死)하여 없어졌고, 지금은 100여 그루의 소나무가 남아 명맥을 잇고 있다. 정조가 조성한 이 소나무 길은 정조의 지극한 효성과 그의 아버지 사도세자의 슬픈 역사를 담고 있는 역사적인 장소이며, 화성행궁까지 이어지는 효행의 상징적인 거리이다.

그런데 이곳의 노송은 예전 같지 않다. 노송들은 대부분 고사하여 눈에 잘 보이지 않고 젊은 소나무들이 다수 눈에 들어온다. 해를 거듭할수록 소나무들이 쇠약해지는 것 같아 안타깝다. 노송지대가 쇠락하는 것은 '정조대왕의 효행길'의 이미지에도 부합하지 않는다. 지금 자라고 있는 나무들이라도 잘 관리되었으면 한다.

노송지대 안내판 그리고 노송지대의 젊은 소나무들

:: 일화

앞에서 언급한 것처럼 정조는 아버지 사도세자의 능을 수원에 모신 후 능을
참배하러 가는 길목에 소나무 500그루를 심고 관리하였다. 그런데 백성들이
땔감으로 소나무를 베는 일이 잦아지자 소나무 가지에 엽전을 걸어 땔감이

꼭 필요한 사람이 가져가서 땔감을 사도록 하였다. 또 송충이가 창궐했을 때 전국의 까치가 모여들어 송충이를 잡아먹어 임금을 도왔다는 이야기도 전해진다.[14]

14) 임경빈, '푸른 마을을 꿈꾸는 나무 I'(서울: 중앙 M&B, 1998), 36쪽.

노송지대 소나무 중 가장 높이 성장한 멋진 소나무

3. 강릉 · 강원

영월군 남면 광천리에 청령포가 있다. 청령포는 남한강 상류에서 돌아 흐르는 강물 안의 섬 같기도 한 곳인데, 이곳은 단종이 세조 2년에 왕위를 빼앗기고 노산군이 되어 유배되었던 곳이다. 삼면이 강물로 둘러싸여 있고 한쪽은 험한 절벽같이 되어 있다.

이곳 청령포에 '관음송'이라는 이름을 가진 소나무가 한 그루 있다. 관음송은 수령 600년, 나무 높이 30m의 큰 나무이며, 1988년 4월 30일 천연기념물 제349호로 지정되었다. 우리나라 소나무 중에서는 가장 키가 큰 나무이다.

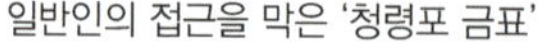

일반인의 접근을 막은 '청령포 금표'

:: 나무명칭 유래

이 소나무의 이름은 관음송(觀音松)인데, 이는 이 나무가 단종의 유배생활을
보았다 하여 '관(觀)', 때로는 단종이 오열하는 울음소리를 들었다 하여 '음
(音)'을 붙여 관음송이라 한 것이다.

줄기는 땅 위 약 1.2m되는 곳에서 두 갈래로 갈라졌는데, 단종은 이 나무 줄
기 사이에 앉아 쉬기도 하였다고 한다.

:: 청령포

조선시대 제6대 왕인 단종이 숙부인 수양대군에게 왕위를 찬탈당하고 상왕
으로 있다가, 그 다음 해인 1456년(세조 2년) 성삼문 등 사육신(死六臣)들의

상왕 복위 움직임이 사전에 누설됨으로써 상왕은 노산군으로 강봉되어 첨지중추원사 어득해가 거느리는 군졸 50인의 호위를 받으며 원주, 주천을 거쳐 이곳 청령포에 유배되었다.

청령포는 동, 남, 북 삼면이 강물로 둘러싸이고 서쪽으로는 육육봉이라고 불리는 험준한 암벽이 솟아 있어 나룻배를 이용하지 않고는 밖으로 출입할 수 없는 섬과도 같은 곳이다.

단종은 이 적막한 곳에서 외부와 단절된 유배생활을 했으며, 당시에는 이곳에 거처할 수 있는 집이 있어 호장 엄흥도는 남몰래 밤이면 이곳을 찾아 문안을 드렸다고 전한다.

유배당한 그해 뜻밖의 큰 홍수로 인하여 강물이 범람하여 청령포가 물에 잠기게 되니 단종은 영월 동헌의 객사로 처소를 옮겼다.

청령포에는 영조 2년(1726)에 세운 '청령포 금표비(禁標碑)'와 영조 39년(1763)에 세운 '단묘유지비(端廟遺址碑)'가 서 있다.[15]

청령포는 단종이 유배되었던 곳이므로, 조정에서는 영조 2년(1726)에 일반인의 출입을 제한하기 위하여 금표비(禁標碑)를 세웠고, 단종이 기거하던 곳을 의미하는 '단묘재본(端廟在本) 부시유지(府時遺止)'라는 비문을 새긴 비를 영조 39년(1763)에 세웠다. 청령포는 2008년 12월 16일 명승 제50호로 지정되었다. 청령포 단종어가는 근년 영월군청에 의하여 복원되었다.

:: 단종

단종은 1441년 7월 23일(세종 23년) 문종과 현덕왕후 권씨 사이에서 원자로 태어났으며 이름은 홍위(弘暐)이다. 8세가 되던 1448년(세종 30년)에 왕세손으로 책봉되었고, 예문관제학 윤상(尹祥)으로부터 학문을 배웠다.

1450년 2월에 세종이 승하하고 문종이 즉위하게 되자 그해 7월 20일 왕세손이었던 홍위는 10세의 나이로 왕세자로 책봉되었으며, 1452년 5월 18일 문종이 승하한 후 단종은 경복궁 근정전에서 12세의 나이로 제6대 왕에 즉위하였다.

1454년 1월 22일 14세때, 여량군 송현수의 딸을 왕비로 맞이하였다. 계유정난(癸酉靖難) 이후 1455년 6월 11일 단종은 세조에게 왕위를 물려주고 15세에 상왕(上王)이 되었으며(재위 1452~1455), 박팽년·성삼문 등이 단종의 복위를 꾀하다가 발각되어 모두 죽임을 당하는 사육신사건이 발생하자, 1457년(세조 3년) 노산군으로 강봉되었으며, 1457년 윤 2월 22일 창덕궁을 출발하여 7일 후인 윤 6월 28일 유배지인 영월 청령포에 도착하였다.

그해 9월 금성대군(錦城大君) 유(瑜)가 다시 그의 복위를 꾀하다가 사사되자 단종은 노산군에서 서인으로 내려지고 결국 죽음을 강요당하여 1457년 10월 24일 17세의 어린 나이로 관풍헌에서 사약을 받고 승하하였다.

의금부도사 왕방연은 단종에게 사약을 전하고 한양으로 돌아가는 길에 비통한 심정으로 청령포를 바라보며 다음과 같은 시조를 읊었다.[16]

왕방연 시조

천만 리 머나먼 길에 고운 님 여희옵고,
(천만 리 머나먼 길에 고운 님 이별하옵고,)

내 마음 둘 데 없어 냇가에 앉아이다.
(내 마음 둘 데 없어 냇가에 앉았나이다.)

저 물도 내 안 같아야 울어 밤길 예놋다.
(저 물도 내 마음 같아서 울어 밤길 흘러가는구나.)

16) http://www.sijomunhak.com/gnu4/bbs/board.php?bo_table=gosijo&wr_id=145/ (검색일: 2009. 06. 02.)

왕방연으로서는 죄 없고 어린 임금인 단종에 대해 단장(斷腸)의 아픔을 가눌
길이 없었을 텐데 그러한 심정이 잘 표현되어 있는 시조이다.

단종의 애환을 지켜 본 관음송
● 강원도 영월군 남면 광천리 67-1
● 관리자: 청령포 관리사무소

매표소 앞 서강 벚나무에서 바라본 청령포

속초에서 설악동으로 들어가는 길목 사거리, 정확하게는 속초에서 설악동으로 들어가는 도로중앙의 로터리에 설악동 소나무가 자리하고 있다.

설악동 소나무는 수령 500년, 나무 높이 17m의 노거수이며, 1988년 4월 30일 천연기념물 제351호로 지정되었다. 이 나무는 지상 2m 높이에서 줄기가 갈라졌으며, 지상 8m에서 크게 2개의 가지로 갈라져 있다. 여러 개의 가지와 줄기가 있으나 가운데 줄기만 살아남았다.

그동안 설악산에 여러 번 다녀왔지만 여기에 큰 소나무가 있구나 하는 정도가 아니면 아예 쳐다보지도 않고 지나쳤던 것이 생각난다. 이번에는 이 소나무를 보러 간 탓인지 예사롭지 않은 나무라는 생각이 들었다. 함부로 대할 수 없는 기풍이 느껴진다.

로터리 사거리에서 나무를 바라볼 때 오른쪽에는 상가(商街)가 보이고, 왼쪽으로는 진한 주황색의 설악산 공원관리사무소 건물이 보인다. 소나무 뒤로는 설악파크호텔이 보인다. 마치 설악산의 수문장 역할을 하는 나무인 것 같다.

줄기 왼쪽에 외과수술 흔적이 있으나 자연스럽다.

:: 나무 상태

1987년 10월에 속초시에서 외과수술을 실시하여 썩은 부분을 깨끗이 제거하였다. 지상 2m에서 갈라져 나간 큰 가지 2개는 고사했고, 지상 8m에서 크게 2개의 가지로 갈라져 있다. 수술 부위가 자연스럽게 보이도록 배려한 탓에 이 나무는 준수한 용모를 자랑하고 있다.

설악산 공원관리사무소와 소나무

:: 전설

이 소나무는 서낭나무로서 보호되어 왔으며, 나무 밑에 돌을 쌓으면 무병장수한다는 전설이 전해지고 있다. 병 없이 오래 산다는 전설 때문에 나무 주변에는 많은 돌이 쌓여 있다. 이것도 소박한 민속신앙의 한 단면이라 할 수 있다.

설악동 소나무. 나무 밑에 무병장수를 기원하는 돌이 수북이 쌓여 있다.
● 강원도 속초시 설악동 20-5
● 관리자: 속초시

설악산 공원에 들어서서 앞으로 가다 보면 권금성 가는 케이블카를 타는 곳이 있다. 이곳에서 케이블카로 권금성으로 올라가면 '무학송(舞鶴松)'이라는 소나무를 만나게 된다.

무학송은 케이블카에서 내려 안락암(安樂庵) 쪽으로 70m 정도 계단을 내려가면 만날 수 있다. 큰 바위 위에 자리 잡고 서 있는 무학송은 말없이 설악동과 속초 시내, 그리고 동해바다를 내려다보고 있다. 나무가 서 있는 곳은 전망이 좋은 곳이지만 사람에게는 위험한 지역이기에 철제 울타리를 쳐서 나무에 가까이 접근하는 것을 막고 있다.

땅으로 내려간 가지

계곡을 타고 내려가는 듯한 가지

:: 나무 상태

나무는 산 위의 급경사 비탈에 있는 큰 바위 위에 자리를 잡고 있다. 나뭇가지들은 대부분 설악동과 동해바다를 향해 뻗어 있으며, 가지 하나는 지상 1m 지점에서 땅으로 내려와 지면에 닿았으며, 지면을 지지대 삼아 다시 위로 뻗어 가는 형상이다. 아래의 가지들은 상당 부분 고사상태에 있다.

학이 날아들어 춤추는 듯한 설악산 높은 계곡의 무학송
◉ 강원도 속초시 설악동 권금성 안락암 부근

:: 무학송 부근의 연리근 소나무

두 나무의 뿌리가 서로 연결되어 있는 소나무
를 연리근(連理根) 소나무라고 한다. 무학송
(안락암) 부근의 소나무 두 그루는 서로 뿌리가
연결되어 있는데 이를 연리근 소나무라고 부른
다. 희귀한 현상이다.

울산바위에 몇 번 올라갔는데, 그때마다 눈에 들어오는 소나무가 있었다. 보면 볼수록 그 모습이 아름다워서 감탄을 하던 나무이다. 천연기념물이 아니고 시도기념물이나 보호수도 아니지만 어떤 나무보다도 사람들의 마음을 사로잡는 나무들이다.

불의와 타협하지 않고 고고히, 깨끗하게 사는 그런 이미지의 나무이다. 세속에 물들지 않으려는 듯 높은 곳에 자리한 이 나무들은 무슨 생각을 하고 있을까.

이 나무들은 울산바위를 오르는 사람들의 안전을 지켜 주기 위해 일부러 울산바위 계단이 시작되는 곳에 자리를 잡았는지도 모르겠다. 나무의 수령이나 높이는 가늠하기 어렵지만 대략 수령 150년, 높이 15m 정도로 보인다.

울산바위 가는 길 – 청동좌불과 울산바위(사진 중앙)

신흥사와 권금성 방향

매표소 부근 쌍둥이 소나무: 두 그루가 높이도 비슷하고, 나이도 비슷해 보인다. 단아하고 깨끗한 느낌을 주는 기분 좋은 소나무이다.

울산바위 계단 앞 금강송

울산바위 계단 앞 독야청청 금강송 두 그루
◉ 강원도 속초시 설악동

오죽헌 경내의 율곡송(栗谷松)은 수령 1,000년, 나무 높이 12m의 노거수이다. 천연기념물도 아니고 보호수도 아니지만 율곡 이이가 예찬한 나무이고, 또 수려한 나무 모습 때문에 여러 화가가 그림을 그린 것으로 잘 알려져 있다.

그렇지만 정작 나무 유래에 관해서는 알려진 것이 거의 없다. 오죽헌 뜰에서 율곡매, 사임당 배롱나무와 함께 자라고 있는 율곡송은 늘 방문객들을 반갑게 맞이한다. 이들 세 나무는 또 오죽헌을 지켜 주는 수호목의 역할을 담당하고 있기도 하다. 사당 문성사(文成祠)를 바라볼 때 오른쪽에 있는 소나무가 율곡송 소나무이다.

:: 율곡송 예찬

소나무는 선비의 지조를 상징하는 군자식물(君子植物)이다.

곧은 덕과 절개에 대하여 옛사람들은 칭찬을 아끼지 않았다.

이 소나무의 기이한 형상을 보니

천공(天工)의 오묘한 조화를 빼앗았다.

한참을 바라보노라면 청아한 운치를 느낄 것이다.

소나무가 사람을 즐겁게 하는데

어찌 사람이 즐겨할 줄 몰라서야 되겠는가.

―율곡 이이의 '소나무 예찬' 중에서―

:: 율곡 이이

이이(李珥, 1536~1584)는 사헌부 감찰을 지낸 이원수(李元秀)의 아들이며, 어머니는 사임당 신씨이다. 그는 1548년(명종 3년) 진사시에 합격하고, 19세에 금강산에 들어가 불교를 공부하다가, 다음 해 하산하여 성리학에 전념하였다. 22세에 성주목사 노경린(盧慶麟)의 딸과 혼인하였다. 그해 별시에서 '천도책(天道策)'을 지어 장원하였고, 이때부터 29세에 응시한 문과 전시(殿試)에 이르기까지 아홉 차례의 과거에 모두 장원하는 기록을 세웠다.

문성사

율곡송 수피

:: 문성사

문성사는 이이의 영정을 모신 사당이다. 이 자리에는 본래 어제각이 있었는데, 1975년 오죽헌 정화사업 당시 서쪽으로 이전하고, 문성사를 지었다. '문성(文成)'은 1624년 인조 임금이 율곡에게 내린 시호로서, '도덕과 학문을 널리 들어 막힘없이 통했으며, 백성의 안정된 삶을 위하여 정사(政事)의 근본을 세웠다'라는 의미를 담고 있다.

율곡 이이가 예찬한 소나무 율곡송
◉ 강원도 강릉시 죽헌동 201 ◉ 관리자: 오죽헌

문성사 쪽으로 가지를 드리운 율곡송

강릉시 삼산면에 있는 '명주 삼산리 소나무'는 수령 450년, 나무 높이 22m의 큰 나무이다. 1988년 4월 30일 천연기념물 제350호로 지정되어 관리되어 왔으나, 천연기념물 지정 후 세심한 관리가 부족했던 탓인지 2000년경부터 그간 왕성한 생명력을 자랑하던 붉은 몸통이 푸석한 암갈색으로 변하기 시작하였다고 한다. 그 결과 이 노거수는 고사(枯死)했고 2008년 12월 15일부로 천연기념물에서 해제되었다. 나무는 죽었지만 아직도 그 자리에 그렇게 서 있다. 삼산리 소나무가 고사한 줄은 알고 갔지만 막상 가서 나무를 보니 안타까운 마음이 앞서 무슨 말을 해야 좋을지 몰랐다.

이 나무는 소금강으로 들어가는 냇가 부근에 서 있는데 도로에 가깝게 있고 지상으로부터 3m쯤 되는 줄기 높이에서 두 갈래로 갈라져 자랐다. 고사목이지만 생전에는 수형이 아름다웠을 것으로 짐작된다. 곧게 자란 금강송이었던 만큼 삼산리 소나무의 자세는 흐트러짐이 없어 보였다.

:: 수호목

나무 앞에 있는 설명문에는 '이 나무가 잘 보존된 것은 서낭목으로서 마을 사람들이 나무 주위에 돌담을 쌓고 특별히 보호해 왔기 때문이다.'라고 되어 있다. 이 소나무 주변에 졸참나무, 떡갈나무, 물푸레나무 등 여러 종류의 나무를 심어 작은 성황림을 형성하고 있었다.

:: 천연기념물 지정 해제

삼산리 소나무는 고사하였다. 천연기념물 지정이 해제되자, 국립공원 오대산 소금강의 길목에 뿌리를 내리고 450년 세월의 풍상을 겪은 삼산리 소나무의 극락왕생을 기원하는 천도재(薦度齋)가 2008년 11월 29일 연곡면 삼산리에서 열렸다. 마을 주민들이 자리를 함께하여 오랜 세월 흉화(凶禍)를 막아

주고, 길복(吉福)을 전해 주었던 마을의 수호목을 추도하였다.

수피

:: 관리상의 문제

자료를 찾아보니, 오래도록 마을을 지켜 준 수호목이면서 마을의 자랑이었던 이 나무가 천연기념물로 지정된 뒤, 일부 주민들이 나무를 보호한다며 비료를 주고, 가지를 치는 등 손을 댄 것이 나무를 오히려 힘들게 하였다고 한다.

충북 보은 어암리의 백송과 비슷한 사례이다. 이 백송은 관청의 담당자들이 나무 주변 환경 개선공사를 한 후에 고사하였다. 전문가의 입회 없이 나무와 나무 주변에 손을 댔다가 나무를 죽게 했다는 것이 어암리 마을 주민들의 이야기이다.

명승 제1호인 소금강 초입에 있는 삼산리 소나무는 소금강 풍치를 즐겼던 율곡 이이(1536~1584)가 손수 심었다는 전설이 전해지는 유서가 깊은 금강송이다.

소금강의 풍치를 더해 주던 삼산리 소나무 ◉ 강원도 강릉시 연곡면 삼산리 산 116 ◉ 관리자 : 강릉시

몰운대(沒雲臺) 소나무는 수령 600년의 수형이 아름다운 나무였다. 이 소나무는 이제 몰운대의 상징이 되었다. 몰운대 절벽 아래에는 수백 명이 쉴 수 있는 광활한 반석이 펼쳐져 있으며 계곡에는 맑은 물이 흐르고 있다. 옛날부터 시인과 묵객의 발길이 끊이지 않았고, 절벽 아래 세상을 굽어보는 소나무는 고사한 채 그대로 그 자리에 서 있다.

화암팔경 중 제7경인 몰운대는 수백 척의 암석을 깎아 세운 듯한 절벽 위에 6백 년 수령의 노송이 좌우 건너편의 다른 소나무들과 함께 천고흥망의 기억을 간직하고 있다.

몰운대!! 왜 모른대??

몰운대 정자

몰운대 소나무(사진 중앙)

:: 몰운대 전설

경치가 좋아 천상의 선인들이 선학(仙鶴)을 타고 내려와 시흥(詩興)에 빠지고, 구름조차 이 아름다움을 지나치지 못해 쉬어 간다는 곳이 몰운대이다.

몰운대에 눈 내릴 때

– 시인 박정대

세상의 끝을 보려고 몰운대에 갔었네

깎아지른 절벽 아래로 사랑보다 더 깊은

눈이 내리고, 눈이 내리고 있었네

강물에 투신하는 건 차마 아득한 눈발뿐

몰운대는 세상의 끝이 아니었네

눈을 들어 바라보면 다시 시작되는 세상

몰운리 마을을 지나 광대골로 이어지고

언제나 우리가 말하던 절망은 하나의 허위였음을

눈 내리는 날 몰운대에 와서 알았네

꿩 꿩 꿩 눈이 내리고 있었네

산 꿩들 강물 위로 날고 있었네

불현듯 가슴속으로 밀려드는 그리운 이름들

바람이 달려가며 호명하고 있었네

세상의 끝을 보려고 몰운대에 갔었네

깎아지른 절벽 아래로 사랑보다 더 깊은

눈이 내리고, 눈이 내리고 있었네

강물은 부드러운 손길로 물운대를 껴안고

그곳에서 나의 그리움은 새롭게 시작되었네

세상의 끝은 또 다른 사랑의 시작이었네

몰운대(沒雲臺)에서

— 시인 이인평

이 깎아지른 벼랑 끝에 이르러

내 삶은 끝인가 시작인가

아래만 보고 걸어왔는데도

허리를 굽혀 절벽의 하방을 내려다보니

헛것에 마음을 빼앗겨 살아온 지난날들이

오히려 아찔하다

불혹을 지나 지천명에 다다른 내 세월은

오름인가 내림인가

낭떠러지 밑으로 꿈처럼 흘러가는 한 줄기 물살이

절벽을 타고 솟구치는 바람이 되어

어리석은 육신을 잡아끄는 순간

현기증 도는 세상에서 오금이 저린 나는 어느새

바위틈에 뿌리를 박고 자란

옹골진 소나무의 허리를 붙들고 있다

아득한 절벽 위에서

한 조각 구름이 솔바람을 쓸어가듯

가파른 화암의 벼랑 사이를 지나온 내 삶의 여정은

이곳에 이르러 끝인가 시작인가

해거름에, 고요의 여운을 쓸어오는 물소리가

내 오랜 갈증의 혀를 적신다

화암팔경 중 제7경 몰운대의 소나무
● 강원도 정선군 화암면 몰운 2리

물이 아름다운 마을이라는 뜻의 가수리(佳水里)에
는 벼랑 위에 '오송정'이라는 소나무가 자라고 있
다. 다섯 그루였으나 세 그루는 죽고 두 그루가 지
금도 자라고 있다. 이 중 한 그루는 수령이 천 년을 넘긴 노거수이다. 늘 맑은 동
강 물을 내려다보고 있으니 이들 나무 또한 신선의 마음이 아니고 무엇이겠는가.

두 번째 소나무   절벽 바로 위에 있는 첫 번째 소나무

:: 나무 명칭 유래

옛날 이곳 벼랑에 다섯 그루의 소나무가 있었는데, 중국 진시황이 봉선을 올리기 위해 태산을 오르다가 폭우를 만나 잠시 피하였다가 나중에 '오대부'라는 벼슬을 내렸다는 전설이 내려오는 중국 태산의 '오송정'과 같다 하여 나무의 이름을 '오송정(五松亭)'이라고 하였다.

:: 전설

나라에 큰 변란이 있을 때마다 한 그루씩 죽는다는 전설이 전해진다. 다섯 그루 중 세 그루가 죽고 지금은 두 그루만 남아 있다.

가수8경 중 2경 오송정 소나무
◉ 강원도 정선군 정선읍 가수리
◉ 관리자: 정성군

구룡사는 2개의 황장금표가 있는 곳이다. 매표소를 지나 안으로 들어서면 바로 왼쪽에 황장봉계 표석(제1황장금표) 안내판이 있고 그 위 언덕에 황장금표가 있다. 이곳부터 일주문(원통문)까지 황장목(금강송) 숲길이 이어진다. 이곳의 금강소나무들은 나무색깔이 선명한 것이 매우 건강해 보인다.

구룡사 일주문

용과 거북 형상이 있는 구룡교(龜龍橋)

제2황장금표는 매표소 들어오기 직전의 식당가 초입에 있는 부흥상회 뒤편 비탈길을 내려가 야영장으로 가는 길목에 있다.

제1황장금표는 음각된 글자가 비교적 선명하게 보이지만 제2황장금표는 음각 형태는 보이되, 일반인이 글자 자체를 판독하기에는 어려울 정도로 풍화되어 있다. 오래지 않아 음각형태도 거의 사라질 것으로 보인다.

예술의 경지에 오른 돌 쌓기

:: 구룡사

백두대간의 주맥이 오대산을 거쳐 서쪽으로 태기산을 지나 원주 치악산
(1288m)에 이르게 되는데, 구룡사(龜龍寺)는 치악산 국립공원 안쪽에 자리
잡고 있다. 풍수지리적으로 '천년이 지난 신령스러운 거북이 연꽃을 토하고
있고, 영험한 아홉 바다의 용이 구름을 풀어 놓는 형상을 한 천하의 승지'인
치악산 구룡사는 서기 668년(신라시대 문무왕 8년) 의상대사가 창건하였다.

금강송 수피

구룡사 홈페이지에 있는 사찰 유래를 옮겨 적어보면 다음과 같다. 1300년 전의 일이다. 메마른 품이 학 같은 늙은 스님 한 분이 원주 지방에 찾아와 절 자리를 두루 고르고 있다가 관서의 큰 산인 치악산을 향해 떠났다.[17] 이 스님의 이름은 무착대사라고도 하고 의상조사라고도 하나 누구인지는 확실하지 않으며, 원주에서 치악산을 향해 60여리 길을 가던 대사는 그곳에서 다시 4~5리 정도를 더 가서 지금의 구룡골에 멎었다. 스님이 사방을 살펴보니 동쪽으로는 주봉인 비로봉이 솟아 있고, 계곡의 경치 또한 아름다웠다. 절을 세울 만한 곳이라고 생각한 스님은 대웅전을 세우려면 저 연못을 메워야겠다며 발을 옮겨 연못가로 갔다. 그때 그곳에 있던 큰 연못에는 아홉 마리의 용이 살았다. 연못을 메우자니 모처럼 용이 사는 것을 쫓아야겠기에 난감한 일이구나 하고 대사가 말하였다. 대사의 말을 들은 연못의 용들은, 대사를 향해 "대사님이 벌써 우리를 내쫓을 생각을 하시니, 우리도 마음이 안 놓여 살 수가 없소. 대사와 우리가 서로 내기를 해서 우리가 이기면 대사가 이곳에 절을 못 지을 것이오. 우리가 지면 선뜻 자리를 내어드리리다." 하고 제안하였다. 대사가 "너희들이 무슨 재주를 부리려느냐?" 하고 묻자 용들은 그것은 잠시 두고 보면 알게 될 것이라고 말하였다. 용들은 연못에서 날아 하늘로 치솟더니 뇌성벽력과 함께 우박 같은 비를 쏟아 놓았다. 이 바람에 근처의 산들은 삽시간에 물에 잠기게 되었지만, 대사는 태연하게 앉았다가 비로봉과 천지봉 사이에 배를 띄우고 기다리고 있었다. 한참 동안 비를 퍼부은 용들은 이만하면 대사가 물속의 귀신이 되었겠다고 생각하고는 비를 거두고 내려왔다. 그러나 뜻밖에도 대사는 배 위에서 낮잠을 자고 있었다. 아홉 마리의 용들이 다 내려오자 대사는 일어나서는 "너희들의 재주가 고작 그것뿐이냐. 이제 내가 조화를 부릴 것인즉 너희들은 눈을 크게 뜨고 잘 지켜보아라."하고 부적을 한 장 그려 연

17) http://guryongsa.or.kr/
(검색일: 2009. 4. 17.)

못 속에 넣었다. 얼마 안 있어 연못에서는 더운 김이 무럭무럭 오르며 큰 연못의 물이 부글부글 끓기 시작했다. 물속에서 뜨거움을 참다못한 용들은 뛰쳐나와 한달음에 동해바다로 달아나고 말았다. 그런데 이 아홉 마리의 용 가운데 한 마리의 용이 눈이 멀어서 미처 달아나지를 못하고 근처에 있는 조그만 연못으로 옮겨 앉았다. 용들이 달아나자 대사는 못을 메우고 지금의 구룡사 대웅전을 지었다. 미처 도망하지 못한 눈먼 한 마리의 용은 구룡사 옆에 있는 용소에서 지난 일제 강점기까지 살다가 그해 여름 장마 때 하늘로 올라갔다고 전한다.

또한 지금 사찰 이름에 아홉 구(九) 대신 거북 구(龜)자를 쓰게 된 연유는 다음과 같다. 본래 구룡사는 스님들의 수양도장으로 세워졌으나 오랜 세월을 두고 흥망성쇠에 따른 곡절이 많았다. 조선시대에 들어서면서 치악산에서 나는 산나물은 대부분 궁중에서 쓰게 되어 구룡사 주지스님이 공납의 책임자 역할까지 하게 되었고 좋거나 나쁘거나 구룡사 스님의 검사 하나로 통과되는 지라 인근 사람들은 나물 값을 제대로 받기 위해 별도로 뇌물을 바치기도 했다. 견물생심이라 아무리 부처님 같은 스님이라 할지라도 여기엔 욕심이 나지 않을 수 없었다. 이리하여 구룡사는 물질적으로 풍성하기는 하였으나, 정신도장으로서는 몰락의 길을 걸었다. 이럴 즈음 한 스님이 찾아와 몰락한 이 절을 보고 개탄하면서 이 절이 흥하지 못하는 것은 절로 들어오는 길 입구에 있는 거북바위 때문이니 그 거북바위를 쪼개 없애면 좋을 것이라고 말하였다. 절에서는 그 스님의 말을 믿어 거북바위를 쪼개었지만 어찌된 일인지 그 후부터 찾아오는 신도는 더욱 적어지고 거찰(巨刹: 큰절)로서의 명성은 점차 줄어들었다. 급기야는 절문을 닫아야 할 처지에 이르렀다. 어느 날 도승 한 분이 또 찾아와서는 "이 절이 왜 이렇게 몰락하는가 하면 그 이름이 맞지 않기 때문이오."라고 말하였다. 이에 주지스님이 그게 무슨 말씀이냐고 물었다. 도승은 "본래 이 절은 절 입구를 지키고 있던 거북바위가 사찰의 운을 지켜 왔는데 누가 그 바위를 부수어 혈맥을 끊어 버렸으니 운이 막힌 것이오." 라고 말하였고, 주지스님은 재차 어떻게 하면 좋겠느냐고 물었다.

그 도승은 거북이는 이미 죽었지만 다시 살린다는 뜻에서 절의 이름을 아홉 구(九)자 대신 거북 구(龜)자를 쓰라고 하였고, 이 말을 따라 지금 현판에 새겨진 대로 치악산 구룡사(龜龍寺)로 불리게 되었다.

황장금표가 2개 남아 있는 구룡사 금강소나무 숲
◉ 강원도 원주시 소초면 학곡리 1029
◉ 관리자: 구룡사

4. 청주 · 충북

18 괴산 삼송리 소나무
천연기념물

괴산 삼송리의 소나무는 수령 600년, 나무 높이 12.5m의 거목이며, 1982년 11월 4일 천연기념물 제290호로 지정되었다. 줄기 모습이 용이 꿈틀거리는 듯이 보인다 하여 용송이라고도 부르며, 마을 사람들이 정성껏 성황제를 지내는 신목(神木)이다. 이 소나무는 현지에서는 '왕소나무'로 호칭되고 있다.

:: 마을 명칭 유래

소나무 한 그루가 삼송리 마을의 신목으로 취급되고 있는데, 처음에는 이미 고사해 버린 두 그루의 소나무와 함께 세 그루가 서 있었기 때문에 마을 이름을 삼송리(三松里)라고 하였다.

:: 찾아가기

삼송리에 들어서서 나무까지 가는 길은 쉽지 않다. 삼송교회를 찾아가는 것이 쉬운 방법이다. 소나무는 삼송교회에서 보이는 가까운 들판 한가운데 서서 자라고 있다.

'왕소나무'라는 호칭이 잘 어울리는 삼송리 소나무

● 충북 괴산군 청천면 삼송리 산 250
● 관리자: 괴산군

괴산 적석리 소나무는 수령 400년의 노거수이며, 1996년 12월 30일 천연기념물 제383호로 지정되었다. 이 소나무는 외형상 속리산 법주사 입구의 정이품송과 닮았다.

이 소나무는 400여 년 전 적석리 입석마을이 형성되기 전에 있던 마을 입구의 관송(冠松)이며, 마을의 수호목 역할을 해 온 나무이다.

이곳 입석고개는 옛날 영남에서 사람들이 이화령(梨花嶺) 고개나 문경새재를 넘어 괴산, 서울로 가는 길목이었다.[18]

18) 이화령 고개는 충북 괴산군과 경북 문경시의 경계를 이루는 고개로서 높이는 548m이다.

:: 나무 상태/관리

이 나무의 가지와 줄기 윗부분은 적송(赤松) 특유의 붉은 빛을 띠나 주간부 아랫부분은 수피가 두껍다. 전체적으로 줄기가 많고 사면으로 고르게 뻗어 있으며 수세가 비교적 왕성한 편이다. 그러나 남쪽 가지는 고사하거나 쇠약해진 상태에 있다.

입석고개 마루에 서 있는 이 나무 아래에 지름 7~8m의 타원형 석축을 40~50
㎝ 높이로 둘렀으며, 다시 그 주위에 울타리를 쳐서 나무를 보호 관리하고 있
다.

:: 제례

한국전쟁 전까지는 나무 옆에 성황당이 있어서 당제를 지냈으나, 전쟁 후에
성황당은 없어지고 당제도 지내지 않게 되었다.

:: 찾아가기

주소만 가지고 찾아가기 힘든 나무가 바로 적석리 소나무이다. 주소지에 가
도 소나무가 있는 곳을 알려 주는 방향안내판이 없기 때문이다. 중부내륙고
속도로를 타고 연풍 나들목에서 내려 적석리를 찾아간 다음 마을의 나이 드
신 분들에게 소나무의 정확한 위치를 묻는 것이 좋다.

멀리 문경새재 이화령 고개를 바라보고 있는 적석리 소나무 ● 충북 괴산군 연풍면 적석리 산 34-2 ● 관리자 : 괴산군

괴산 적석리 천연기념물 소나무를 찾아가는 길에 반드시 만나게 되는 소나무가 있다. 입석마을 소나무가 그것인데, 이 나무는 보호수로 지정된 나무이며, 마을 주민들이 자랑거리로 생각하는 나무이다.

이 나무는 수령 170년, 높이 8m이며, 1982년 11월 16일 보호수로 지정되었다.

눈 덮힌 입석마을 소나무

소나무 옆에는 '입석마을 자랑비'가 세워져 있다. 비문의 내용 중에 '입석'이
라는 마을 이름은 악휘봉(樂輝峰, 845m)의 '선바위(立石)'에서 유래한 것이
라고 적혀 있다. 악휘봉은 괴산군 적석리에 있는 산봉우리인데 정상 부근에
는 기암괴석과 노송군락으로 어우러져 있고, 5개의 봉우리는 저마다 아름다
운 자태를 자랑하고 있다. 봉우리 중 제4봉이 주봉(主峰)이며, 제3봉과 제4봉
사이의 벼랑 위에는 4m 높이의 선바위가 우뚝 솟아 있다.

마을의 자랑거리 입석마을 소나무 ◉ 충북 괴산군 연풍면 적석리 128 ◉ 관리자 : 괴산군

'연리지(連理枝)'는 이을 연(連), 다스릴 리(理), 가지 지(枝)가 합쳐진 단어이다. 말 그대로 가지와 가지가 맞닿아 두 나무가 하나로 연결되는 현상을 나타내는 말이다. 서로 다른 두 그루의 나무가 사이좋게 합쳐진 것으로 부부의 금실을 상징하고 마을의 화합과 평화를 가져다주는 길조(吉兆), 즉 좋은 조짐인 것으로 알려져 있다.

괴산군 송면리의 소나무 두 그루는 수령 100년, 나무 높이 15m의 보호수이다. 두 소나무의 가지가 중간에서 서로 붙었다 하여 연리지 소나무라고 부른다.

버섯이 보이므로 나무는 고사한 것으로 볼 수 있다.

:: 나무 상태

이들 두 소나무는 2004년 12월 29일 보호수로 지정을 받았으나, 5년이 채 안
된 2009년 4월 현재 고사상태에 있었다. 나무줄기에 버섯이 자라고 있는 것
을 볼 때 나무가 성장을 멈춘 것은 확실해 보인다. 이런 연리지 현상을 보이
는 나무를 보기란 쉽지 않은데, 영양분 공급이 잘 안 되었는지 말라죽은 모습
으로 서 있는 것이 안타깝다.

남녀 사랑의 상징, 마을의 화합과 평화의 상징 연리지 소나무
● 충북 괴산군 청천면 송면리 산 26
● 관리자: 괴산군

충북 보은에는 우리나라에서 가장 널리 알려진 '정이품송' 소나무가 자라고 있다. 정이품송은 수령 600년, 나무 높이 15m의 노거수이다. 적송이자 장수 소나무인 이 나무는 1962년 12월 3일 천연기념물 제103호로 지정되었다. 일찍이 초등학교 교과서에 실려 군주에 대한 '충(忠)'의 사상을 보이는 사례로 소개되기도 하였다.

:: 나무 명칭 유래

이 소나무가 '정이품송(正二品松)'이라는 이름을 얻게 된 데에는 다음과 같은 이야기가 있다. 세조 10년(1464)에 왕이 법주사로 행차할 때 타고 있던 가마가 이 소나무 아래를 지나게 되었는데, 가지가 아래로 처져 있어 가마가 가지에 걸리게 되었다. 이에 세조가 "가마가 걸린다"라고 말하니 소나무가 자신의 가지를 위로 들어 왕이 무사히 지나가도록 하였다 한다. 이리하여 세조는 이 소나무의 충정을 기리기 위하여 정이품(현재의 장관급) 벼슬을 내렸고, 그래서 이 소나무를 정이품 소나무라 부르게 되었다.

:: 나무 상태/관리

정이품송은 1980년대 솔잎혹파리에 감염되어 고생한 적이 있으며, 1993년 이후 네 차례의 강풍과 폭설로 큰 가지 중 3개를 잃어 수술을 받은 적이 있다. 보은군은 북서쪽과 남서쪽 방향으로 뻗은 대형 줄기 2개를 제거할 예정이다. 북서쪽 가지(지름 25cm)는 10여 년 전에 썩었으나 정이품송의 균형과 모양을 고려하여 잎만 제거한 채 남겨 두었다. 그러나 최근 줄기까지 썩어 몸통으로 번질 우려가 있어 제거하기로 하였는데, 제거하는 부분은 방부처리한 후 나무모양의 강화플라스틱을 씌운다고 한다. 1993년 강풍에 부러진 남서쪽 큰 가지(지름 30cm)도 제거하고, 나무 밑 복토 층 제거작업도 벌인다. 복토(두께 90~100cm, 총 500여 톤)는 1974년 속리산 진입도로 확장 포장공사 당시 정이품송 주변에 채워졌는데 너무 무거워 나무의 호흡을 좋게 하기 위해서 복토를 제거하는 것이다.[19]

19) 〈중앙일보〉, 2009년 2월 3일자.

정이품송은 법주사로 들어가기 전 약 3㎞되는 지점 도로변(상판리)에서 자라고 있다.

군주에 대한 예의를 갖춘 것으로 유명한 소나무 정이품송
- 충북 보은군 속리산면 상판리 241
- 관리지: 보은군

**보은 서원리
소나무**

보은 서원리 소나무는 수령 600년, 나무 높이 15m 의 노거수이며, 1988년 4월 30일 천연기념물 제352 호로 지정되었다. 지상 약 70cm의 높이에서 줄기 가 2개로 갈라져 있으며, 나무 전체에서 부드러움이 넘쳐난다. 이 나무는 서원 리 계곡 산자락 쪽 길가에 서 있는데, 주변은 농경지이며 20여 m 전방에는 시냇 물이 흐르고 있다.

이 나무는 속리산 입구에 있는 '정이품송'과 부부 사이라고 하며, 정이품송
의 '정부인'이라고 한다. 이 소나무가 '정부인 소나무'라고 불리는 것은, 정이
품송은 외줄기이기에 수소나무이고, 이 나무는 쌍줄기이기에 암소나무라는
것이다.

'정부인 소나무'의 별칭을 가진 서원리 소나무
● 충북 보은군 장안면 서원리 49-4
● 관리자: 보은군

보은 어암리 백송은 수령 200년, 나무 높이 11m의 희귀종 소나무이기에 1962년 12월 3일 천연기념물 제104호로 지정된 바 있으나 근년 고사함으로써 그 지정이 해제된 나무이다.

지상 약 4m 되는 줄기 부분에서 갈라져 사방으로 고루 가지가 확장되면서 정돈된 수관을 가지고 있어 아름다운 수형을 자랑하던 나무였다.

:: 나무 유래

이 백송은 이 마을에 살던 김씨의 선조 탁계 김상진이 중국에 갔다가 종자를 얻어 심었다고 하며, 후손들은 선조의 유업을 기리는 뜻에서 최근까지 잘 보호해 오던 나무이다.

:: 해제 사유

잘못된 석축 및 복토 공사로 인하여 잔뿌리가 고사하여 결국 생장이 정지되자 문화재청은 천연기념물 지정을 해제하였다.

:: 고사 이유

현지에서 고사 이유에 대한 마을 사람들의 의견은 분분했다. 어떤 사람은 고사 이유가 불분명하다고 했고, 다른 어떤 사람은 당국에서 세 번에 걸친 복토 및 나무 주변 정비작업을 한 후에 멀쩡하던 나무가 말라죽었다고 했다. 나무주변에 뿌리가 흙 위로 나와 있었으며 아이들이 그 주변에서 놀기도 했던 곳이라고 한다.

누구 말이 맞는지는 모르겠으나 복토작업을 한 것은 분명하다. 소나무 수령 200년이면 한창 성장할 때이고, 부러진 가지도 없는 것으로 보아 이 나무는 생육상태가 매우 좋았던 나무였던 것으로 보인다. 아마도 공무원들이 나무 관리 차원에서 백송 주변을 정비하려고 하다가 일을 그르친 것으로 보인다.

나무 환경을 개선할 때에는 전문가들이 함께해야 한다는 값비싼 교훈을 남겨 준 나무이다.

고사했어도 예전의 수려한 모습을 짐작하게 해 주는 어암리 백송
● 충북 보은군 어암리 산 16 ● 관리자: 보은군

5. 대전 · 충남

<table><tr><td>**25**
시도기념물</td><td>논산 갈산리
곰솔</td></tr></table>

논산 갈산리에는 두 그루의 곰솔이 자라고 있다. 두 그루 모두 수령 300년이며, 그중 동쪽 곰솔은 나무 높이 16m, 남쪽 곰솔은 나무 높이 12.5m이다. 두 그루의 나무는 1982년 8월 3일 시도기념물 제27호(논산시)로 지정되었다.

:: 나무 유래

갈산리 곰솔 두 그루는 조선시대 중기의 문신(文臣)인 권육 선생의 묘 앞에 서로 마주보며 서 있다. 이 곰솔을 '쌍군송(雙君松)'이라고도 부르는데, 조선시대 효종 때 예조판서를 지낸 권육 선생이 65세에 관직을 사퇴하고 고향으로 내려와 지내다가 67세로 일생을 마치자, 그의 죽음을 슬프게 여겨 효종 6년(1665)에 왕이 경기도 수원에 있는 소나무 묘목을 보내어 이곳에 심도록 하고 '쌍군송'이라 불렀다고 한다.

:: 나무 특징

해송(곰솔)이 내륙지방에서 자라고 있다는 것은 특이한 일이다. 쌍군송은 해송이 자랄 수 있는 북쪽 한계지역인 수원에서 옮겨 심었다는 희귀성이 인정되어 기념물로 지정받았다. 두 나무 모두 정수리 부분이 아래로 심하게 휘어진 것이 특징이다.

장중한 느낌을 주는 쌍군송
◉ 충남 논산시 광석면 갈산리 산 26-22
◉ 관리자: 권혁기

부여 수신리 반송

시도기념물

부여 수신리 반송(水新里 盤松)은 수령 400년, 나무 높이 15m이며, 반송으로서는 이처럼 웅장한 나무가 드물기 때문에 2002년 1월 10일 시도기념물 제158호(부여군)로 지정되었다.

지상 0.5m의 높이에서 8갈래로 갈라져 있으며, 원정형(圓頂形), 즉 정수리 부분이 둥근 나무형태를 보이고 있다. 이 반송은 줄기 밑 부분에서 굵은 곁가지가 여러 개 갈라졌으며, 외형이 우산처럼 생긴 것이 특징이다.

일부 솔잎의 색이 건강해 보이지 않는다.

거북등을 연상시키는 껍질

이 소나무로 가는 길은 특별히 조성되어 있지 않기 때문에, 좁은 논두렁길을 따라가야 한다. 경사진 곳에 위치한 소나무이므로 나무 주변에서 이동할 때에는 주의해야 한다.

둥근 우산 모양의 아름다운 수신리 반송
● 충남 부여군 외산면 수신리 산 9
● 관리자: 부여군

보령 장현리 귀학송(歸鶴松)은 수령 400년, 나무 높이 25m의 반송(盤松)이며, 2002년 1월 10일 시도기념물 제159호(보령시)로 지정되었다. 정자에 학이 날아와 앉기 때문에 귀학송(歸鶴松)이란 별명이 붙은 이 소나무는 작은 농촌 마을 도로변 버스 정류장 옆에서 자라고 있다. 서로 다른 두 뿌리에 6가지로 뻗어 있는 모습이 아름다워 일명 '육소나무'라 불리기도 한다. 나무 부근에 '육소나무교'라는 작은 다리가 있다.

:: 나무 상태

귀학송을 가까이에서 보면, 여섯 개의 가지 가운데 하나는 따로 떨어졌고, 다른 다섯 개의 가지가 하나로 모여 있다. 나무 상태는 양호한 편이다.

:: 나무 유래

조선시대 선조 때 영의정을 지낸 아계 이산해(李山海, 1539~1609)의 동생이
며, 토정 이지함의 조카인 동계 이산광(李山光, 1556~1624)이 광해군의 정치
에 회의를 느껴 벼슬을 버리고 이곳으로 낙향하여 은거하며 시와 글을 짓고
후진을 양성하며 지은 정자가 귀학정이다. 귀학정은 지금은 보이지 않는다.

이곳에는 이산광의 후손들이 살았고, 그의 6대손인 이실(李實, 1777~1841)이
심은 소나무가 귀학송이다.

학이 날아들었다는 '귀학송' 소나무
◉ 충남 보령시 청라면 장현리 69
◉ 관리자: 한산 이씨 동계공파종중

신송리 곰솔은 수령 400년, 나무 높이 17m의 큰 나무이며, 1988년 4월 30일 제353호로 지정되었다. 몇 년 전에 벼락을 맞아 한쪽 줄기는 고사하였고 다른 한 줄기는 살아 있었는데 시간이 지나면서 그것마저 고사하여 지금은 천연기념물 지정이 해제된 상태에 있다.

나무는 죽었지만 지금도 그 자리에 서 있다. 지상 2m쯤 되는 높이에서 줄기가 2개로 갈라져 있고, 두 줄기는 비슷한 크기·모양을 하고 있다.

:: 나무 상태

솔잎은 하나 남아 있지 않지만 굵은 가지들은 그 형태가 그대로 남아 있어 고사하기 전에는 힘 있는 그리고 수려한 모습이었을 것이라는 짐작을 하게 된다. 동네 주민의 말에 의하면 이 나무를 살리기 위하여 온갖 노력을 다하였지만 소용없었다고 한다.

동네에서 언덕 위의 나무를 바라보았을 때 왼쪽 줄기가 먼저 고사하였고 나중에 오른쪽 줄기마저 고사하였다. 왼쪽 줄기는 껍질이 완전히 벗겨진 상태이고, 오른쪽 줄기는 밑동에 껍질이 조금 남아 있는데, 머지않아 완전히 벗겨질 것으로 보인다.

벗겨져 내리는 껍질

:: 제례

마을 사람들은 마을 뒤 언덕에 서 있는 이 서낭당 나무 밑에서 매년 음력 정월에 당산제를 올려 왔는데, 나무가 고사한 지금은 거행되고 있지 않다.

수려한 자태는 예나 지금이나 변함이 없는 신송리 곰솔
● 충남 서천군 서천읍 신송리 262-3
● 관리자: 서천군

예산군 용궁리에는 흔하게 볼 수 없는 백송 한 그루가 자리하고 있다. 이 백송은 수령 200년, 나무 높이 10m의 희귀수종이며, 1962년 12월 3일 천연기념물 제106호로 지정되어 관리되고 있다. 백송은 중국이 원산지이고 우리나라에 들어온 것은 몇 그루가 되지 않기 때문에 대부분 보호관리 대상이다.

이 백송은 용궁리에 살고 있는 김씨의 선조 묘지 앞에서 자라고 있다. 나무 밑동에서 세 갈래로 갈라져 있고 가지는 사방 12m 정도로 발달하였으나 현재의 수세는 약한 편이다. 굵은 줄기들은 고사하여 절단되어 있고 수직으로 자라난 줄기가 두 갈래로 나뉘어 자라고 있다.

:: 나무 유래

용궁리 백송은 1808년(조선시대 순조 9년) 10월에 이 마을에 살고 있던 추사 김정희 선생이 청나라 연경을 다녀올 때 묘목을 가지고 와서 고조부 김흥경의 문 옆에 심은 나무이다.[20] 김정희는 그의 부친 이조판서 김노경이 연경으로 갈 때 수행하였다.[21]

20) 순조(純祖)는 조선시대 제23대 왕(재위 1800~1834)이며, 정조의 둘째 아들이다. 순조의 어머니는 박준원(朴準源)의 딸 수빈(綏嬪)이다. 비(妃)는 영안부원군(永安府院君) 김조순(金祖淳)의 딸 순원왕후(純元王后)이다. 순조는 1800년(정조 24년) 1월 세자에 책봉되었으며, 그해 6월 정조가 사망하자 11세의 나이로 왕위에 올랐다. 당시 나이가 어린 탓에 1804년까지는 영조의 계비(繼妃)인 대왕대비 정순왕후(貞純王后)가 수렴청정을 하였다.

21) 김정희(1786~1856)는 조선기대 후기의 대표적인 실학자이자 서예가이다.

추사 김정희 선생이 심은 용궁리 백송 ● 충남 예산군 신암면 용궁리 산 73-28 ● 관리자: 예산군

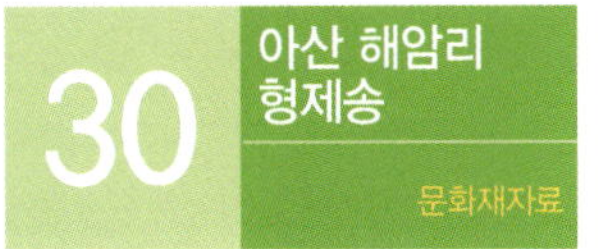

아산만이 내려다보이는 해암리 뒷산 위에 있는 형제송(兄弟松)은 수령 400년, 나무 높이 16m의 곰솔(해송)이며, 1984년 5월 17일 문화재자료 제243호(아산시)로 지정되었다.

형제송은 이름에서 알 수 있는 것처럼 두 그루의 나무가 함께 자라고 있다. 나뭇가지가 수평으로 길게 뻗어 있고 줄기가 괴이하게 꼬여 있다.

형제송은 임진왜란과 관련된 전설이 있어 향토문화 연구 자료로서의 가치를 인정받았다.

:: 전설 1

임진왜란(1592년 발발) 때 이 마을에 살던 장사 청년 형제가 아산만에 쳐들어온 일본군과 싸우다가 전사하였다. 마을 사람들이 정성을 다하여 이들 형제의 무덤을 만들어 주었는데 그 무덤에서 형제의 혼이 소나무로 다시 태어나 마을을 지키고 있다고 전해진다. 이 소나무를 베면 큰 화를 입게 된다고 한다.

임진왜란이 일어나기 20여 년 전에 일본에서 첩자를 보내어 아산만 해상에
서 육지로 올라가는 지점을 표시하기 위하여 심은 것이라고 전해진다. 임진
왜란 전에 일본의 첩자들이 조선 전국을 누비고 다녔다는 사실을 감안하면
전설이 아니라 나무의 유래로도 볼 수 있다.

임진왜란과 연관이 있는 해암리의 형제 소나무 ● 충남 아산시 인주면 해암리 산 63−1 ● 관리자: 홍갑선

6. 전주 · 전북

지리산 천년송은 수령 500년, 나무 높이 20m, 가슴높이 둘레 4.3m이며, 사방으로 뻗은 가지의 폭은 18m에 달하며, 2000년 10월 13일 천연기념물 제424호로 지정되었다.

지리산의 구름도 누워 간다고하여 이름 붙여진 와운(臥雲)마을의 주민들이 나무를 보호 관리하고 있어 상태가 좋고 수형 또한 매우 아름답다. 우산을 펼쳐 놓은 듯한 반송이다. 천년송에서 위쪽으로 20m 정도 떨어진 곳에 또 한 그루의 소나무가 있는데 그 나무는 할아버지 소나무라고 불린다. 천년송은 할머니 소나무가 된다.

이 나무는 와운마을 뒷산에서 오래 전부터 자생해 왔다고 알려져 있다.

:: 제례

할머니 소나무가 할아버지 소나무보다 더 크고 오래되었으며, 마을 주민들
은 할머니 소나무를 '천년송'이라 불러오며 당산제를 지내왔다 한다. 매년 초
사흗날에 마을의 안녕과 풍년을 기원하며 지내는 당산제의 제관으로 선발된
사람은 섣달 그믐날부터 외부 출입을 삼가고 뒷산 너머의 계곡에서 목욕재계
하고 옷 3벌을 마련하며, 언동에 각별히 조심을 한다고 한다.

할아버지 소나무

천년송

할아버지 소나무에서 바라본 천년송 할머니 소나무

산내면 부운리로 가면 뱀사골 공원관리사무소가 있다. 만선마을 다리 건너 왼쪽에 있는 공원관리사무소에 주차할 수 있다. 사무소 왼쪽으로 나 있는 콘크리트 포장 길을 따라 20m 정도 가면 두 갈래 길이 나오는데 여기에서 화개재 방향으로 직진하여 걸어서 3km 정도 산자락으로 걸어가다 보면 높은 곳에 우뚝 서 있는 소나무를 볼 수 있다. 산속 깊숙히 들어가는 것이므로 일기예보를 듣고 비가 올 것 같으면 소나무 탐방을 다음으로 미루는 것이 좋다. 혼자서 가는 것보다는 2~3명이 같이 다니면 안전하고 여유로운 탐방을 할 수 있다.

천 년의 세월을 보내고, 앞으로 다가 올 천 년을 기다리는 천년송
- 전북 남원시 산내면 부운리 산 111
- 관리자: 남원시

장수군청 현관 바로 앞에서 자라고 있는 의암송(義巖松)은 수령 400년, 나무 높이 9m의 노거수이며, 1998년 12월 23일 천연기념물 제397호로 지정되었다. 나무 부근에는 논개의 초상화가 있는 의암사(義巖祠)와 의암호수가 있다.

:: 수형/나무 상태

줄기는 한 줄기이며, 땅으로부터 1m 정도 되는 부분에서 줄기가 시계방향으로 뒤틀어져 나선형을 이루고 있어 용이 몸을 비틀고 있는 모양과 비슷하다. 나무 윗부분은 줄기가 여러 개로 갈라져 우산 모양을 하고 있어 수형이 아름다운 나무이다.

나무에 손을 대고 감촉을 느껴 보고 싶은 생각이 드는 부드러운 나무이다. 용트림하는 모습도 귀엽고 순박하게 느껴진다.

:: 나무 명칭 유래

의암송이라는 이름은 임진왜란(1592~1598) 때 논개가 심었다고 해서 붙여진 것이라고 하나 확실한 것은 아니며, 지역 주민들이 예전의 장수 관아 뜰에서 자라는 이 나무에 논개를 추모하는 뜻에서 붙여 놓은 이름으로 추정되고 있다.

:: 의암

논개가 일본군 장수 가토 키요마사(加藤淸正)의 부장(副將) 게야무라 로쿠스케(毛谷村六助)를 끌어안고 남강(南江)으로 투신했던 바위인 `의암(義巖)은 2001년 9월 27일 시도기념물 제235호(진주시)로 지정되었다. 경상남도 진주시 본성동에 위치하고 있으며, 진주시에서 관리하고 있다.

조선시대 선조 26년(1593) 6월 29일, 임진왜란 제2차 진주성 전투에서 진주성이 일본군에 의해 함락되고, 7만 명의 민관군(民官軍)이 순절하자, 논개는 7월 7일 나라의 원수를 갚기 위해 일본군 장수를 유인하여 끌어안고 이 바위에서 투신, 순국하였다. 이에 논개의 순국정신을 현창하기 위해 사람들이 '의암'이라고 명명하였다.

1629년(인조 7년) 진주의 선비 정대륭(鄭大隆, 1599~1661)은 바위의 서쪽 벽면에 의암이라는 글자를 새겼고, 남쪽에는 한몽삼(韓夢參, 1598~1662)이 쓴 것으로 전하는 의암이라는 글이 새겨져 있다. 의암 옆의 암벽에는 "한 줄기 긴 강이 띠를 두르고, 의열은 천 년의 세월을 흐르리라(일대장강 一帶長江 천추의열 千秋義烈)"는 글이 새겨져 있다.

경종 때의 경상우병사 최진한(崔鎭漢)은 비변사에 신보(申報)한 대목에서 "의암은 영남사람들이 명명했다"고 하였다. 이것이 진주에 전해진 최초의 금석문이다. 뒷날『진주목읍지』의 고적 의암 조에서는 "의암은 촉석루 아래에 있다. 임진왜란 때에 한 얼굴이 고운 기생이 있었다. 왜가 보고 기뻐하니 기생이 바위 위로 달려가서 서니 적이 뒤쫓아 왔다. 기생이 이르기를 너의 장수를 데리고 오면 내가 마땅히 따르겠다고 하니, 적이 와서 욕을 보이고자 하였다. 이에 기생이 적장을 안고 물에 빠져 죽으니 뒷사람들이 이를 의롭게 여기어 의암이라는 두 글자를 그 바위에 새겼다. 기생의 이름은 논개이다."라고 하였다.

22) 국립진주박물관, 『새롭게 다시 보는 임진왜란』(서울: 삼화출판사, 1999), 153~155쪽 참조.

:: 논개 시

일제 강점기 독립운동가인 김창숙(金昌淑)은 논개 관련 시(詩)를 지어 논개의 항일의식을 표출하였다.[22]

의기암(義妓巖)

빼어나다 우리나라 역사에

창가의 여인으로 의암을 남겼구나.

한심하다 고기로 배부른 자들

나라를 저버리고 아직 무얼 탐하는가.

사당은 의암 위 벼랑에 우뚝 섰고

강물은 의암 아래 못으로 잠기네.

요즘 탐욕스런 무리들

이 의(義)를 아는 자 적으리라.

23) 국립진주박물관, 앞의 책, 150~151쪽.

:: 제례

논개에 대한 추모 사업이 시작된 것은 조선시대 경종 원년인 1721년부터라고 한다. 당시 진주 사람들은 논개를 포상해 줄 것을 요구하며 비석을 세우고 사당을 건립하는 작업을 하였다. 봄과 가을에 올리던 제사를 1868년부터는 의암별제(義巖別祭)를 새로 만들어 매년 6월에 길일을 택하여 제사를 지냈다.

의암별제는 300명의 기생들이 연 3일 동안 제사 드리는 화려한 의식이었다. 헌관은 신망 있는 연로한 기생 중에서 선발하였다. 의암별제가 실시된 이후로는 봄과 가을 제사 때도 많은 기생들이 참석하였다.[23]

의기 논개의 애국애족 정신이 서려 있는 의암송 ● 전북 장수군 장수읍 장수리 176-7 ● 관리자: 장수군

삼천동 곰솔은 수령 250년, 나무 높이 14m의 나무이며, 1988년 4월 30일 천연기념물 제355호로 지정되었다. 줄기 하나가 지상 2m 정도부터 수평으로 가지를 펼쳤다. 지금은 주변에 집들이 들어섰지만 전에는 밭으로 둘러싸인 완만한 경사지에 있었다. 나무 바로 옆에 인동 장씨 묘역에 대한 표석이 있는 것을 볼 때 도래솔인 것으로 보인다. 굵은 가지가 옆으로 고루 퍼져 수관은 다소 평평한 편이며 굵은 가지가 땅 쪽으로 내려와 지면에 닿을 정도이다.

:: 나무 유래

이 지역은 본래 인동 장씨(仁同張氏) 장령공파(掌令公派)의 선산이었으며,
이 곰솔나무는 장범(張範)의 아들 장강(張綱)이 조선시대 초기 전주에 내려
와 살기 시작한 후 선산의 조경수(造景樹)로 심은 것이다. 후손들이 이 나무
를 소중히 가꾸어 왔으며, 이 나무는 1988년 천연기념물로 지정되었다.

1995년 이 지역을 공원으로 조성하게 됨에 따라 장씨 문중에서는 이곳 선영
(先塋)의 묘(墓), 제각(祭閣) 등은 다른 곳으로 이전하고, 곰솔나무는 전주시
에 기증하였다.

나무를 살려 보호하려는 눈물겨운 노력

:: 나무 상태

이 곰솔은 1990년대 초 안행지구 택지개발로 인하여 고립되어 수세가 약해
졌고 2001년에는 누군가가 나무에 독극물을 주입하여 3분의 2정도의 가지가

죽기도 하였다. 그 후 당국에서는 나무를 살리고 보호하기 위하여 수세회복
사업을 하였다.

사진에서 보는 것처럼 나무 원줄기와 대부분의 가지는 고사상태에 있고, 한
쪽 가지가 회생하여 명맥을 잇고 있다. 원줄기 주변에 남아 있는 빈 나무받침
대가 과거 이 곰솔의 수세가 왕성했고, 수관 폭이 넓었음을 짐작케 한다.

회생의 기미가 보이는 강인한 생명력의 삼천동 곰솔

고창 삼인리의 장사송(長沙松)은 수령 600년, 나무 높이 23m의 노거수이며, 1988년 4월 30일 천연기념물 제354호로 지정되었다. 선운사 진흥굴(眞興窟) 근처에서 자라고 있는 이 소나무(盤松)는 진흥왕이 죽은 지 오래된 후에 나서 자란 반송이지만 신성한 동굴입구에서 가지를 늘어뜨리고 있다. 소나무과의 상록교목으로 나무껍질은 붉고 박편처럼 떨어진다. 훤칠한 키에 수형이 아름다운 나무이다.

:: 나무 상태

크게 세 가지로 갈라진 줄기가 다시 여러 갈래로 갈라져 마치 부챗살이나 우산 같은 모양을 하고 있다.

지상 2.2m 높이에서 줄기가 두 갈래로 갈라졌고, 그 위에서 다시 여덟 갈래로 크게 갈라져 있다. 곁가지가 많이 갈라지는 특이한 모양새를 하고 있다. 생육공간은 충분하고 나무를 보호하는 철책 울타리가 설치되어 있다. 나무 상태는 양호한 편이다.

도솔암

고창 사람들은 이 소나무를 '장사송'이라고도 부르고, '진흥송'이라고도 부르는데, 장사송은 이 고장의 옛 이름인 '장사현'에서 유래한 것이며, '진흥송'은 옛날 진흥왕이 수도했다는 진흥굴 앞에서 자라고 있다 하여 붙여진 이름이다.

진흥굴

장사송과 진흥굴 절벽

:: 도솔암 마애불

장사송을 지나 조금 더 가면 도솔암과 마애불을 만나게 되는데, 마애불 앞에도 적송이 자라고 있다. 마애불은 보물 제1,200호로 지정되어 있으며, 고려시대에 조각한 것으로 추정되고 있다. 지상 6m의 높이에서 책상다리를 하고 앉아 있는 이 불상의 높이는 5m, 폭 3m이며, 연꽃무늬를 새긴 계단모양의 받침돌까지 갖추고 있다.

머리 위의 구멍은 동불암이라는 누각의 기둥을 세웠던 곳이다. 명치끝에는 검단(黔丹) 스님이 쓴 비결록을 넣었다는 감실이 있다. 조선시대 말기에 전라도 관찰사로 있던 이서구가 감실을 열자 갑자기 비바람과 뇌성이 일어 그

대로 닮았는데, 책머리에 "전라감사 이서구가 열어 보다."라는 글이 쓰여 있
었다고 전한다. 이 비결록은 19세기 말기에 동학(東學)의 접주(接主) 손화중
이 가져갔다고 한다.

보물 제1,200호 마애불

선운사에서 도솔암으로 가는 길을 한참 따라 올라가다 보면 진흥굴이 있는데
장사송은 그 바로 앞에서 자라고 있다.

훤칠한 키의 신사 소나무 장사송, 나무 오른쪽 절벽 아랫부분에 진흥굴이 보인다.
● 전북 고창군 아산면 삼인리 산 97
● 관리자: 고창군

무주 설천면의 반송은 수령 300년, 나무 높이 17m, 가슴높이 줄기둘레 5.3m이며, 1982년 11월 4일 천연기념물 제291호로 지정되었다.

경사가 완만한 산자락에 서 있고 수관이 사방으로 고루 확대되어 부채꼴을 이루어 아름답다. 반송인 만큼 줄기가 여러 개로 갈라져 있다. 이 지방에서는 구천동의 상징목이라는 뜻에서 '구천송' 으로 부르고 있다. 반송이 있는 곳은 가파른 곳은 아니지만 아주 좁은 길을 따라 올라와야 하는 곳이다.

:: 나무 상태

멀리서 보면 멋있어 보이는 이 삼공리 반송은 가까이에서 보면 안쪽 줄기와 가지들이 말라죽어 가고 있는 것을 알 수 있다. 솔잎의 색깔도 부분적으로 누런빛을 띠고 있어 영양분과 수분 공급에 이상은 없는지, 병충해를 입고 있는 것은 아닌지를 살펴봐야 할 것이다.

말라 죽어가고 있는 가지들이 보인다.

:: 나무 유래

이 나무는 옛날 이 마을에 살던 이주식이라는 사람이 근처에 자라던 것을 지금의 위치에 옮겨 심었다고 전해 오고 있다. 이곳은 옛날 횡천면의 치소가 있었던 곳이다.

아름다운 수형을 자랑하는 삼공리 반송
◉ 전북 무주군 설천면 삼공리 31
◉ 관리자: 무주군

고창의 서쪽 끝부분 동호리에는 해수욕장이 있는 데 백사장의 길이가 3.5km가 넘는다. 동호 해수욕장 뒤편에는 소나무 숲이 조성되어 있는데, 특히 해안선을 따라 자라고 있는 일부 소나무는 그 모양새가 특이하여 사람들의 눈길을 끈다.

줄기와 뿌리가 노출되어 특이한 형태를 보이고 있는 동호리 소나무들
● 전북 고창군 해리면 동호리 해변

7. 광주 · 전남

<table>
<tr><td>37</td><td>해남 성내리
수성송

천연기념물</td></tr>
</table>

성내리 수성송은 곰솔(해송)이며, 수령 400년, 나무 높이 17m의 노거수이고, 2001년 9월 11일 천연기념물 제430호로 지정되었다.

해남군의 중심인 해남군청 앞마당에 서있는 이 나무는 굵은 외줄기에 가지가 여러 개로 나뉘어 모습이 매우 아름답고 생육상태도 양호한 나무이다.

:: 나무 명칭 유래

수성송(守城松)이라는 이름은 조선시대 명종 10년(1555)에 왜선 60여 척이 지금의 남창리와 완도군의 달도를 침략한 일이 있었는데, 이때 해남 현감 변협(邊協)이 이끄는 관군이 어렵게 왜구를 물리쳤고, 그 공으로 변협은 장흥 부사로 승진하였다 한다. 이를 기념하기 위해 당시 해남 동헌 앞뜰에 이 나무를 심고 '수성송'이라는 이름을 붙여 주었다.

오우가

− 고산 윤선도

내 벗이 몇인가 하니 수석과 송죽이라

동산에 달 오르니 그 더욱 반갑구나

두어라 이 다섯밖에 또 더하여 무엇하리

구름빛이 맑다하나 검기를 자주한다

바람 소리 맑다 하나 그칠 때가 많은도다

맑고도 그칠 때 없기는 물뿐인가 하노라

꽃은 무슨 일로 피면서 쉬이지고

풀은 어이하여 푸르는 듯 누르나니

아마도 변치 않음은 바위뿐인가 하노라

더우면 꽃이 피고 추우면 잎 지거늘

소나무야 너는 어찌 눈서리를 모르느냐

지하의 뿌리 곧은 줄을 그것으로 아노라

나무도 아닌 것이 풀도 아닌 것이

곧기는 뉘 시키며 속은 어이 비었느냐

저렇고 사시에 푸르니 그를 좋아 하노라

작은 것이 높이 떠서 만물을 다 비치니

밤중의 광명이 너만한 이 또 있느냐

보고도 말 아니하니 내 벗인가 하노라

왜구 격퇴를 기념하여 심은 수성송
◉ 전남 해남군 해남읍 성내리 4
◉ 관리자: 해남군

해남 송호리 해송림(松湖里 海松林)은 송호리 해변과 도로 사이에 전개되고 있으며, 수령 150~200년, 나무 높이 8~15m의 해송 600여 그루가 자라고 있다. 송호리 해송림은 바닷바람을 막기 위한 해안 방풍림으로서의 기능을 지니고 있으며 기능적인 면에서나 교육적인 면에서 중요하여 1992년 3월 9일 시도기념물 제142호(해남군)로 지정되었다. 해송림은 길이 약 394m이며, 약 16,474㎡(4,983평)의 면적에 조성되어 있다.

발리 섬을 연상시키는 비치 파라솔과 주변의 소나무들

나무들의 수령이 다양하게 분포되어 있다는 점에서 인공식재가 아닌 자연 소나무 군락으로 보는 견해도 있다. 그렇지만 수령 200년 남짓의 해변가 소나무라는 점에서 방풍림 조성의 목적으로 심어진 소나무들이라고 볼 수 있다.

◉ 전남 해남군 송지면 송호리 산 9
◉ 관리자: 해남군

장흥 관산읍의 효자송(孝子松)은 옥당리 마을 어귀에서 자라고 있는 수령 150년, 나무 높이 12m의 소나무이며, 1988년 4월 30일 천연기념물 제356호로 지정되었다. 나뭇가지의 곡선미가 특히 아름다운 이 소나무는 멀리 천관산의 봉우리를 바라보고 있다.

멀리 보이는 천관산

:: 나무 주변

효자송 나무 옆에는 감나무가 한 그루 자라고 있다. 옛날 소나무, 감나무, 소태나무를 같은 날 심었는데 이 중 감나무와 소태나무는 죽고, 소나무는 잘 자랐다고 한다. 지금 소나무 바로 옆에 감나무가 한 그루 자라고 있는데, 그때 심은 감나무는 아니고 나중에 감나무의 씨가 발아하여 성장한 것으로 보인다. 효자송 주변에는 감나무 과수원이 있어서 수많은 감나무들이 자라고 있었다.

1850년경, 이곳 옥당리 마을에 효성이 지극한 세 청년이 살고 있었다. 무더운 여름날, 어머니가 약한 몸으로 밭일을 하는 모습을 본 세 청년은 어머니가 그늘에서 쉴 수 있도록 나무를 심자고 결의하였다. 그리고 각각 소나무, 감나무, 소태나무를 심고 정성스럽게 돌보았는데 이후 소나무만 살아남아 '효자송'이라는 이름으로 오늘에 이르렀다고 한다.

농사일에 바쁜 홀어머니에 대한 효성, 옥당리 효자송
◉ 전남 장흥군 관산읍 옥당리 166-1
◉ 관리자: 장흥군

무안 망운면(望雲面)의 곰솔은 송현리(松峴里) 두 모마을 작은 길가에 위치하고 있다. 두 그루인데, 수령은 두 그루 모두 300년, 나무 높이는 한 그루는 18m, 다른 한 그루는 17.5m이다.

본래 4그루가 있었으나 두 그루는 죽고 현재 두 그루만 자라고 있다. 한 그루는 줄기가 땅에서부터 두 개로 갈라져 자라고 있다.

곰솔 주변은 온통 양파 밭이다. 이곳은 무안공항과도 가까워서 수시로 비행기가 오가고 있었으며, 멀리 바다가 내려다보이기도 하는 곳이다.

:: 나무 등급 변경

망운면의 곰솔 2그루는 1982년에 국가지정 문화재인 천연기념물로 지정되어 오다가 1994년 1월 31일 시도기념물 제148호(무안군)로 변경, 지정되었다.

:: 제례

　김해 김씨 문중의 사람들이 약 400년 전에 이곳에 정착하면서 이 소나무가 있는 숲을 성황림(城隍林)으로 정하였다. 김해 김씨 사람들은 매년 초 마을의 평화와 풍년을 기원하는 당산제를 소나무(곰솔) 앞에서 지내면서 이들 소나무를 신목(神木)으로 보호, 관리해 왔다. 지금은 소나무 주변은 밭으로 개간되어 주로 양파를 경작하고 있다.

양파 밭 한 가운데에서 자라고 있는 망운면 송현리 곰솔
◉ 전남 무안군 망운면 송현리 290
◉ 관리자: 무안군

41 무안 석용리 곰솔
시도기념물

무안 석용리 곰솔은 수령 350년, 나무 높이 11m의 노거수이다. 1999년 11월 20일 시도기념물 제175호(무안군)로 지정되었으며, 감정마을회관(감정경로당) 앞에 위치하고 있다. 나무가 자리 잡고 있는 이 마을은 1763년 원갑사의 노승 한 분이 이곳을 지나가다가 샘물맛을 보았는데, 맛이 좋아 마을의 이름을 '감정'이라고 지어 주었다고 전한다.

:: 나무 상태

지상에서 2.5m되는 부분에서 큰 가지가 발달하여 여러 개의 받침대를 받쳐 주고 있다.

:: 전설

석용리 마을 주민 한 사람이 쟁기용으로 쓰기 위하여 이 소나무 가지를 베었는데 그 후 이 사람의 음부에 종기가 나서 3년간이나 고생하다가 사망하였다. 그 뒤에도 마을에는 많은 전염병이 나돌게 되자 주민들이 정성을 다하여 제사를 모시자 전염병은 사라지고 마을이 평안하게 되었다고 한다.

:: 제례

마을에서는 이 나무를 신성한 나무로 여겨 해마다 음력 2월 1일에 당산제(堂
山祭)를 지내고 있다.

감정마을의 당산나무 석용리 곰솔 ● 전남 무안군 해제면 석용리 843(감정마을) ● 관리자: 무안군

용정리 곰솔은 수령 350년, 나무 높이 16m의 노거수로서, 용정리 해안가에서 자라고 있다. 이 곰솔은 1999년 11월 20일 시도기념물 제176호(무안군)로 지정되었다. 밑 부분의 가지 일부가 죽은 것 외에는 나무 상태가 매우 좋은 편이며, 나무의 모습도 아름답다.

이 곰솔은 갯벌 바로 위의 언덕에서 바다를 내려다보며 자라고 있다.

:: 월두마을

전라남도 무안군의 해제반도 중간쯤 함평만으로 돌출해 나간 땅의 끝자락에 '달의 머리'라는 뜻을 가진 '월두(月頭)마을'이 있다. 이곳이 용정리 월두마을이다. 이 마을이 끼고 있는 함평만 갯벌은 갯벌습지 보호지역으로 지정되었을 만큼 청정한 지역이다.

이 마을 왼편 바닷가에 커다란 소나무가 자라고 있는데 그 나무가 바로 용정리 곰솔이다.

:: 제례

용정리 마을 사람들은 이 소나무를 신성한 '할아버지 당산나무'라고 부르며
소중하게 보호·관리하고 있으며, 매년 당산제를 지내고 있다.

서해바다를 관망하는 용정리 곰솔 ◉ 전남 무안군 현경면 용정리 35-9(월두마을) ◉ 관리자: 무안군

영암 양장리 곰솔은 수령 300년, 나무 높이 14m의 노거수이며, 2000년 12월 31일 시도기념물 제182호(영암군)로 지정되었다. 나무의 생육상태는 양호하며, 주위 수목들과 함께 서북풍을 막아 주는 방풍림의 역할을 한다. 양장리 마을회관 뒤편에 위치해 있다.

:: 양장리 시

곰솔 옆 정자 앞뜰에 이 마을 출신 시인의 애향시비(愛鄕詩碑)가 있어 그 내용을 옮겨 적어 보았다.

양장리(羊場里)

- 김재흔 시인

올해도

내 고향 양장에는

가을이야기가 풍성한

월출산의 똘감이 익고 있겠지

동녘케 넓은 뜰에

기러기 떼가 날아들면

남월래에 핀 들국화도

시집가는 큰 누나를 향해

고개로 끄덕이며 작별했겠지

족두리 바위를 이고

은적산에 떨어지는 해가

서호강(西湖江)의 물 구비 구비마다

곱게 불이 든 내일의 희망을

또다시 봉황이 와서 울어대겠지

올해도

내 고향 양장에는

원둑길에 수놓은 갈대들이

아름다운 몸짓으로 노래하고 있겠지

:: 제례

마을 주민들은 광복 이전까지 매년 정월 대보름에 마을의 안녕과 풍년을 기원하는 당산제를 지내왔다.

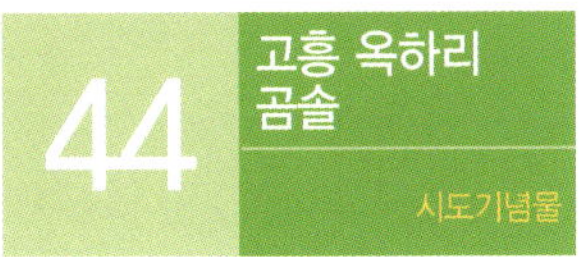

고흥 옥하리(玉下里) 곰솔은 수령 300년, 나무 높이 14m의 노거수이며, 2002년 11월 27일 시도기념물 제211호(고흥군)로 지정되었다.

옥하리 곰솔은 시도기념물 제35호(고흥군)인 흥양현 읍성의 경사면에 사방림으로 심어진 다른 20여 그루의 곰솔과 함께 있다. 이 곰솔 바로 밑에 100여 년 전 영광군수를 지낸 김정태가 취송정이라는 정자를 지었는데 지금도 김해 김씨 문중에서 이를 관리하고 있다.

:: 흥양현 읍성

조선시대 초기에 축성된 흥양현 읍성(興陽縣邑城)은 산을 의지한 대표적인 읍성이다. 본래 여장(女墻), 옹성(甕城), 곡성(曲城)을 갖춘 것이었으나 많이 퇴락되었다. 현존 성벽은 조선시대 후기에 수축(修築)한 것이며, 높이 약 6m, 폭 4m 정도의 견고한 성벽과 길이 7m 정도의 곡성이 남아 있다.

성벽

성곽 위에 사유재산 경계 표시로 벽이 설치되어 있다.

옥하리 곰솔은 김해 김씨 가락종친회관인 현종재 건물 뒤에 있다. 곰솔 뒤와 왼쪽으로는 흥양현 읍성의 성벽과 민가 담장이 있어서 접근하기 힘들고 오른편으로는 사설 담장이 있어서 현종재 정문이 아니면 나무에 접근하기 어렵다. 언덕 위에서 내려다보면 현종재 안에 김해 김씨 공적비와 석상이 하나 보인다.

김해 김씨 가문과 함께 하는 옥하리 곰솔
◉ 전남 고흥군 고흥읍 옥하리 145-8
◉ 관리자: 가락고흥군종친회

고흥 관리탑 상골 곰솔

관리탑 상골 곰솔은 수령 300년, 나무 높이 20m의 노거수이며, 2002년 11월 27일 시도기념물 제212호(고흥군)로 지정되었다. 언덕 위에 위치하고 있는 이 곰솔은 수형이 수려하다.

:: 나무 유래

이곳은 조선시대 도양목장 감독관이 주둔하는 관청이 있는 마을이라고 하여 관리(官里)라고 불려 왔다. 관청에서 곰솔을 두 그루 심었는데, 한 그루는 고사하고 현재 다른 한 그루가 살아남아 보호, 관리되고 있다.

관리탑 상골 곰솔은 도양읍 관리 수동마을의 수호신으로 여겨지고 있으며,
나무 주변의 인근 4개 마을 주민들이 매년 정월 대보름 나무 밑에 모여 당제
를 지내고 있다.

관리 마을 언덕 위의 소나무, 상골 곰솔
◉ 전남 고흥군 도양읍 관리 991
◉ 관리자: 고흥군

8. 대구 · 울산 · 경북

46　안동 하회마을 만송정 숲
천연기념물

안동 하회마을 만송정(萬松亭) 숲은 2006년 11월 27일 천연기념물 제473호로 지정되었다.

만송정 숲(면적 476,430㎡)은 낙동강이 하회마을을 휘돌아 흐르며 만들어진 넓은 모래 퇴적층에 위치하며, 조선시대 선조 때 문경공 유운용이 마을 맞은편 암석 절벽인 부용대의 기(氣)를 완화하기 위하여 1만 그루의 소나무를 심어 조성한 숲이다.

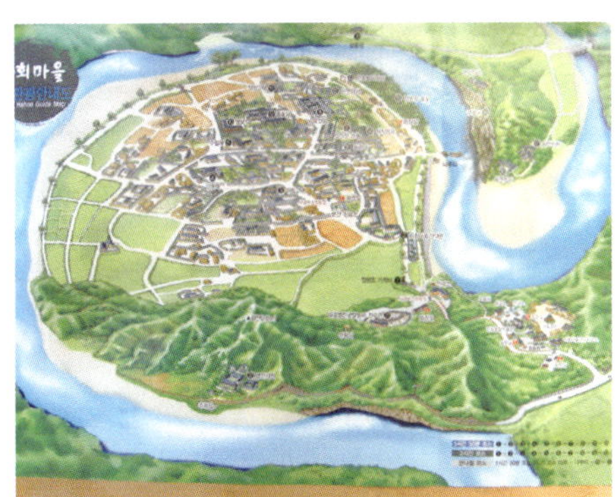
안동 하회마을 안내지도

부용대 절벽

하회마을, 백사장, 낙동강 그리고 부용대 등과 어우러져 경관이 뛰어난 마을숲
으로 경관뿐만 아니라 역사적 · 문화적 가치가 크다.

암석 절벽인 부용대의 기운을 완화하기 위해 조성한 만송정 숲

◉ 경북 안동시 풍천면 하회리 1164
◉ 관리자: 안동시

<table>
<tr><td>

47 안동 하회마을
화수당 노송

보호수
</td><td>

하회마을에는 화수당 노송이라고 불리는 소나무가 자라고 있다. 소나무의 수령은 400년, 나무 높이는 6m 정
</td><td>

24) http://hahoe.or.kr/board/html/korea/tangible/index_03.html/(검색일: 2009. 06. 07.)
</td></tr>
</table>

도이며, 2004년 11월 18일 보호수로 지정되어 관리되고 있다.

하회마을 연좌루(燕坐樓, 원지정사 바로 옆의 누각)에서 내려다보면, 서쪽 건너편에는 수령 400년의 노송이 세월의 풍상(風霜)을 견디어 가며, 홀로 남아 있다. 옛날 이곳에는 화수당(花樹堂)이 있었으며, 사립 동화학교가 있어서 1919년 3·1 독립운동 당시 이 소나무 앞에 사람들이 모여 함께 만세를 불렀다고 한다. 이 때문에 사립 동화학교가 폐교되고 풍남공립보통학교가 개교되었다. 광복 후 풍남국민학교로 되었으나, 그 후 학생 부족으로 인하여 분교에 오히려 통합되었다. [24]

:: 원지정사

화수당 소나무는 원지정사(遠志精舍)에서 잘 내려다보인다. 원지정사는 서애 유성룡 선생이 34세 때인 1573년(선조 6년)에 부친상을 당하여 낙향, 은거할 당시 건축한 것으로 그가 은퇴한 후에도 이곳에서 몸과 마음을 다스리며 휴양한 곳이다. 원지산을 바라보고 있다 하여 원지정사라고 이름 붙여졌다. 중요민속자료 제85호이다.

독립만세운동의 현장에 서 있는 화수당 소나무
- 경북 안동시 풍천면 하회리 690
- 관리자: 안동시

<table><tr><td>**48**
보호수</td><td>**안동 하회
소나무(하회송)**</td></tr></table>

안동 하회마을 화경당(북촌댁) 북촌유거(北村幽居) 뒤편에는 한 그루의 소나무가 조용히 자라고 있다. 아무도 찾지 않는 굴뚝과 담장 옆에서 세월의 흐름을 지켜보고 있다. 이 소나무는 수령 300년, 나무 높이 3m이며, 2005년 12월 29일 보호수로 지정되어 관리되고 있다.

:: 나무 특징

나무의 생김새가 하회마을을 감싸고 흘러가는 낙동강의 형상과 완전하게 일치하는 희귀한 나무이다.

:: 나무 유래

하회 소나무(河回松)라고 불려지는 이 소나무는 조선시대 정조, 순조 임금 당시 초계문신과 예조, 호조참판을 지낸 학서(鶴棲) 유이좌(柳怡佐)의 선조 지중추부사(知中樞府事) 유사춘(柳師春)공이 분가할 때 집안의 융성과 일가의 번영을 기원하면서 하회의 주산(主山)인 화산(花山)에서 이곳으로 옮겨 심은 나무이다.

하회마을의 형상과 똑같은 모습의 하회 소나무
● 경북 안동시 풍천면 하회리 706 화경당(북촌댁) 북촌유거
● 관리자: 안동시

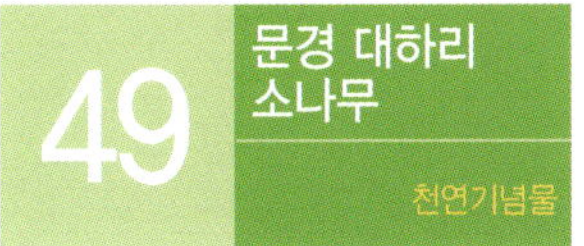

문경 대하리의 소나무는 수령 400년, 나무 높이 6m의 반송(盤松)이며, 2000년 10월 13일 천연기념물 제426호로 지정되었다.

:: 나무 특징

줄기와 가지가 용트림 형상으로 구부러져 옆으로 뻗어 있다. 수형이 특이하며 나무 손상이 거의 없는 아름다운 나무이다.

:: 민속신앙/제례

마을 사람들은 이 소나무를 마을의 수호신으로 받들고 있다. 과거 방촌 황희 선생의 영정을 모신 장수 황씨의 종택(지방문화재 제236호) 사당과 사원이 이 나무 주변에 있었다 하여 이 마을 이름을 '영각동'이라고 하였다. 마을 사람들은 매년 음력 정월 대보름에 이 나무 밑에 모여 '영각동제'라는 당산제를 지냈다고 한다.

눈 덮힌 모습이 인상적인 대하리 소나무
◉ 경북 문경시 산북면 대하리 16(식당 거송가든 안마당)
◉ 관리자: 문경시

50 문경 화산리 반송

천연기념물

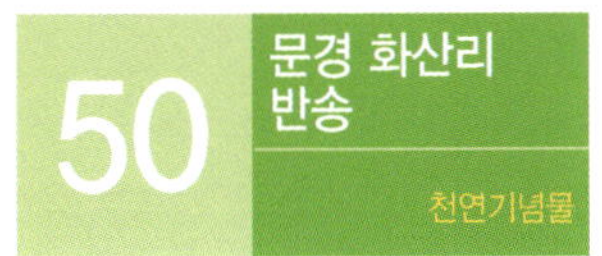

문경 화산리 반송은 수령 400년, 나무 높이 24m의 노거수이며, 1982년 11월 4일 천연기념물 제292호로 지정되었다.

이 나무는 줄기가 밑에서 여섯 갈래로 갈라져 있어서 육송(六松)이라 부르기도 한다. 반송으로서는 거목이고 오래된 것으로 산길 옆에 자라고 있어 사람들의 쉼터가 되고 있다. 수형이 아름다운 나무이다.

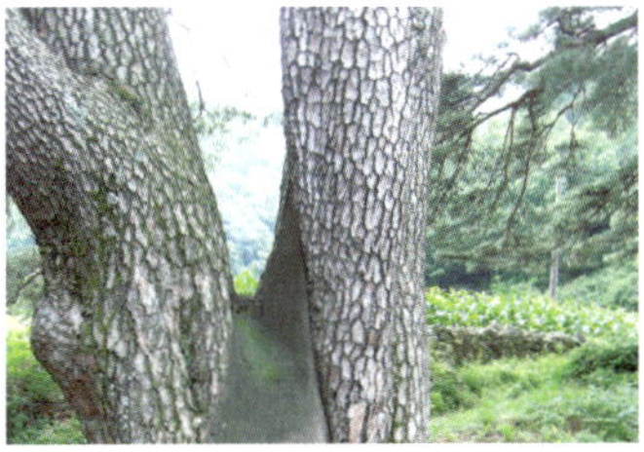

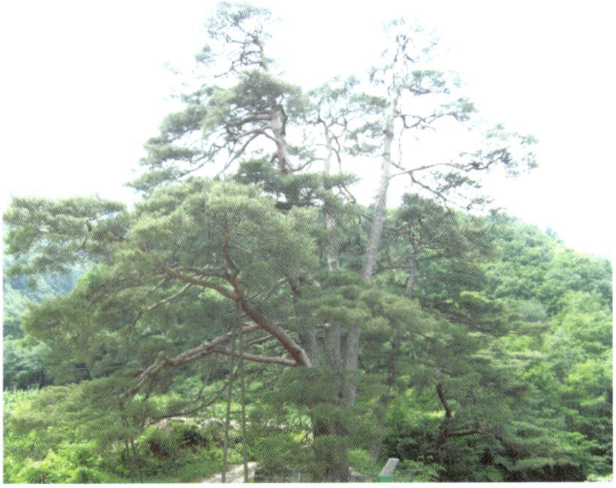

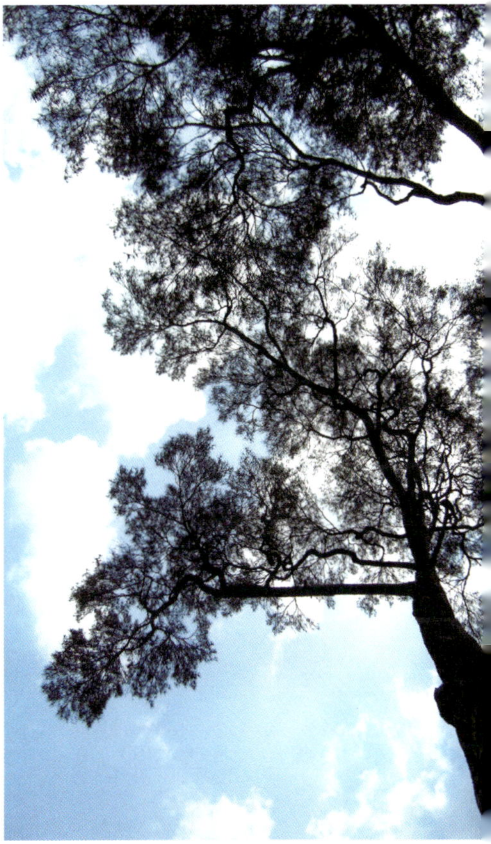

이 소나무는 계곡으로 들어가는 길목에 서 있으며, 멀리 희로봉을 바라보며 서 있다. 나무 주변은 밭인데 밭에는 온통 담배가 재배되고 있다.

화산리 반송과 희로봉(오른쪽)

:: 전설

이 소나무를 베면 천벌을 받는다는 전설이 전해지고 있다. 옛날부터 마을 사람들은 이 나무를 정성껏 보호, 관리해 오고 있다.

희로봉의 정기를 받은 화산리 반송
◉ 경북 문경시 농암면 화산리 942
◉ 관리자: 문경시

담배밭과 반송

문경 존도리 소나무는 수령 500년, 높이 9m의 노거수이며, 2000년 10월 13일 천연기념물 제425호로 지정되었다. 수평으로 아름다운 굴곡을 이루며 길게 뻗어 나간 가지가 높이의 2배가 넘는 20m에 이르렀으며, 외관, 즉 생김새가 특이하고, 수평으로 아름다운 굴곡을 이루며 길게 뻗어 나간 가지가 특징인 나무였다. 그러나 나무의 기운이 쇠약해져 고사하였기에 천연기념물 지정이 해제되었다.

:: 나무 유래

이 나무는 조선시대 연산군 때 대사헌의 벼슬에 있던 강형의 맏며느리가 심은 것으로 전해진다. 강형은 1504년 폐비(廢妃) 윤씨의 복위문제로 일어난 갑자사화 때 폐비 윤씨의 입주입묘(立主立廟)를 비판하다가 반대파의 괴수로 몰려 그의 아들 3형제와 함께 화를 당하였는데, 맏며느리인 익산 이씨가 아들을 데리고 그의 시신을 수습하여 인근에 묘를 쓰고 존도리에 정착하면서 이 소나무를 심었다고 한다.

:: 제례

마을 사람들은 해마다 음력 정월 대보름이면 이 나무 앞에서 마을의 평안과 풍년을 기원하는 당산제를 지내왔다.

존도리 마을 입구

고사 후에 표본화된 존도리 소나무

:: 천연기념물 해제 사유

문화재청은 2006년 8월 7일자로 고사(枯死) 상태에 이른 천연기념물 제425호인 존도리 소나무를 국가지정문화재에서 해제하였다.

수세 약화와 더불어 고사(枯死)의 주요 원인은 오래전에 행해진 소나무 주변의 복토와 배수불량이며, 그 후 병충해에 의한 2차 피해를 받은 것으로 밝혀졌다.

:: 고사 후 위치 이동

문화재청은 문경시 및 존도리 지역주민과 협의하여 천연기념물에서 해제된 존도리 소나무가 간직하고 있는 역사성과 지역주민들의 애환을 함께 담아 대전광역시 소재 '천연기념물센터'의 전시관에 존도리 소나무의 표본을 전시하고 있다.

최근에는 존도리 주민들이 버스를 타고 단체로 천연기념물센터를 방문하고, 존도리 소나무 앞에서 고사를 지냈으며, 소나무가 다소 갑갑한 공간 속에 전시되어 있는 것을 보고 항의성 발언을 하는 등 오랜 기간 당산나무로 모셔 온 존도리 소나무에 대한 애정과 안타까움을 토로하기도 하였다.

표본으로 다시 살아난 존도리 소나무
◉ (당초 소재지) 경북 문경시 산양면 존도리 22
◉ (표본 소재지) 대전광역시 서구 만년동 396−1 천연기념물센터

<table>
<tr>
<td>

52 문경 종곡리 소나무

보호수
</td>
<td>

문경 종곡리 소나무는 수령 350년, 나무 높이 15m 의 나무이며, 1982년 보호수로 지정되어 관리되고 있다. 종곡리 쌍용천변(雙龍川邊) 약 99,000㎡의
</td>
</tr>
</table>

숲에는 적송이 많았는데 많이 베어지기도 하고 고사하기도 한 탓에 근년에는 느티나무의 개체 수가 많이 늘어났다고 한다.

종곡리 이장님

제단

:: 제례

종곡리 권오귀 이장(里長)으로부터 이 소나무에 관한 일화, 제례 등에 관하여 설명을 들었는데 그 내용은 다음과 같다.

종곡리 소나무는 당산목으로 마을의 중심이 되는 나무이다. 마을 사람들은 매년 음력 정월 초하루 밤 12경에 동신제를 지내고 있다. 지관(地官)이 마을 주민 중에서 운세(運勢)를 봐서 좋은 사람으로 제주(祭主)를 선정한다. 동신 제는 제주로 선정된 사람과 그의 부인 둘이서만 지내도록 되어 있다. 제주로 선정된 부부는 소나무 부근의 쌍용천에서 몸을 씻고 제사를 드린다고 한다. 동신제를 지낼 때 다른 사람들은 일체 배석을 안 하는데 그 이유는 혹시라도 부정을 탈지 몰라서라고 한다.

동신제용 떡은 쌀 3되 3홉으로 하고, 마을 주민 음복용 떡은 별도로 1말 5되를 한다고 한다. 제사를 지낸 그다음 날 아침에는 100여 명의 마을 주민들이 함께 모여서 음복을 한다고 한다.

:: 소나무 숲의 수난

일제 강점기 때 일본인들이 배를 만드는 데 사용한다며 이곳 숲속에서 적송을 다수 베어 갔다고 한다. 근년에는 소나무와 소나무 사이에 있던 용 모양과 사자 모양을 한 2개의 돌이 있었는데 다른 지역 사람들이 구경 왔다가 잘라 갔다고 한다.

동신제 의식이 철저히 지켜지고 있는 종곡리의 소나무 ● 경북 문경시 농암면 종곡3리 71 ● 관리자: 문경시

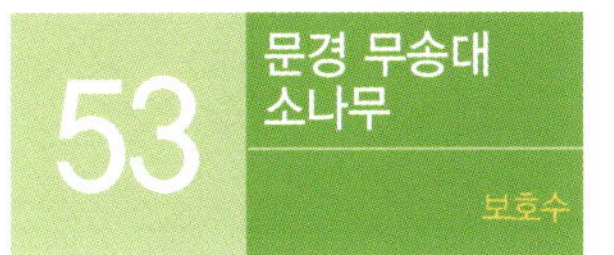

문경 무송대 소나무는 수령 300년, 나무 높이 8m의 아담한 크기의 소나무이며, 1982년에 보호수로 지정을 받아 관리되고 있다.

나무 옆에는 이곳이 조선의 명당임을 알리는 표지판이 서 있다.

:: 조선의 명당 '연주패옥'과 '말무덤'

백두대간 등줄을 타고 흘러 내려온 산줄기는 문경 지방에 무수한 명산을 쌓아 올렸는데, 그중에서도 특히 이곳 문경은 묘 터 중 옥관자 서 말, 금관자 서 말이 나온다는 연주패옥(連珠佩玉) 명당과 관련된 다음과 같은 이야기가 전해지고 있다. 이런 명당에 묘를 두면, 그 집안에 금관자·옥관자를 단 정승 판서 벼슬이 수없이 나온다고 한다.

예로부터 '무송대(舞松臺)' 또는 '말 무덤(馬塚)'이라 부르는 이곳은 임진왜란 때 명나라 장수 이여송(李如松)을 따라 우리나라에 왔다가 귀화한 지관(地官) 두사총이 조선의 문신인 약포 정탁(鄭琢, 1526~1605) 대감에게 큰 은혜를 입게 되어 그 보답으로 정 대감의 신후지지(살았을 때 미리 잡아 둔 묏자리)를 이 일대에 잡아 두고 그 위치를 정탁의 하인 구종에게 알려 놓았다고 한다.

임진왜란이 끝나고 얼마 되지 않아 정탁이 세상을 떠났다. 얼마 후 정탁 대감의 아들과 그 위치를 아는 구종이 묏자리를 찾아 이곳에 와서 연주패옥 명당을 가리키는 순간 말이 구종을 차서 죽게 하니 화가 난 대감의 아들이 말을 죽여 이곳에 묻었는데 그 후로 '구슬을 꿰고 옥을 단다'라는 뜻의 연주패옥 명당을 다시는 찾을 수 없었다고 전한다.

:: 정탁

정탁은 조선시대 중기의 지조 높은 선비였으며, ≪명종실록≫ 편찬에 참여하고, 이조좌랑을 지냈다. 그는 임진왜란 때 이순신(李舜臣), 곽재우(郭再祐) 및 김덕령(金德齡)과 같은 명장을 발탁해 나라를 구하려고 애쓴 문신이었다. 정탁은 자기 한 몸의 안락보다는 국가의 안위를 위해 노심초사한 충신이었다.

25) http://blog.naver.com/hs1040506?Redirect=Log&logNo=90044426318/; http://media.daum.net/culture/art/view.html?cateid=1021&newsid=2005081108502664&p=seoul/(검색일: 2009. 06. 07.)

1597년 이순신이 전장에 나아가지 않았다는 죄목으로 한산도에서ㅍ 한양으로 압송되어 목숨이 경각에 처했을 때 선조에게 이순신을 변호하는 1,298자의 신구차(伸救箚) 상소문을 올렸다. 이 일로 충무공 이순신은 목숨을 건질 수 있었다.

무송대 소나무 ● 경북 문경시 동로면 적성리 965 ● 관리자: 문경시

54 상주 상현리 반송

천연기념물

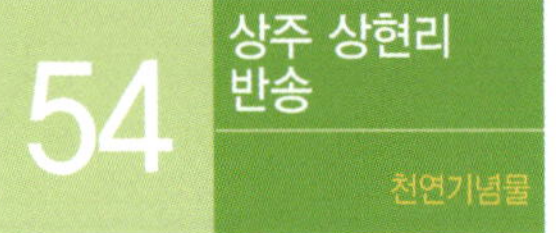

상주 화서면의 상현리 반송은 수령 500년, 나무 높이 16m의 희귀 수종이며, 1982년 11월 4일 천연기념물 제293호로 지정되었다. 이 나무는 밑에서 줄기가 세 갈래로 갈라지고 수형이 반원형이며, 나무의 모양이 탑같이 보인다고 해서 탑송(塔松)이라고도 부른다. 밑동에서부터 여러 갈래로 갈라져서 원줄기와 가지의 구별이 없고, 전체적으로 우산의 모습을 하고 있어 멋진 수형을 자랑하고 있다.

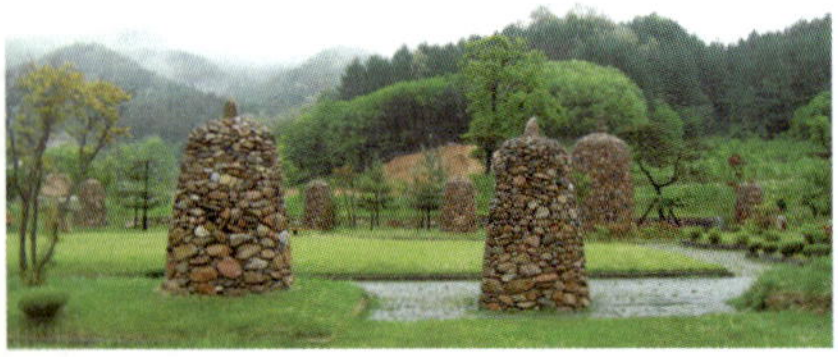

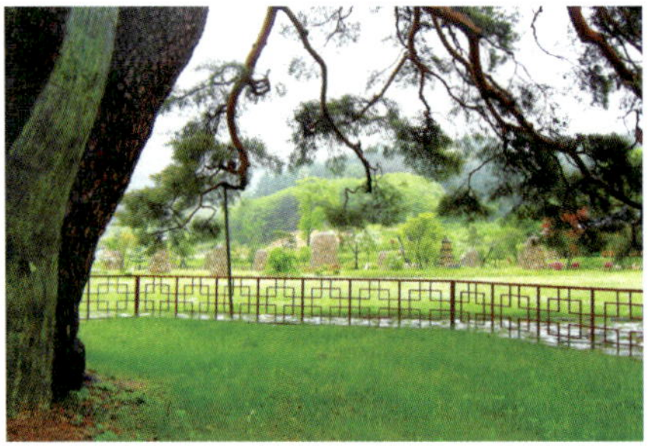

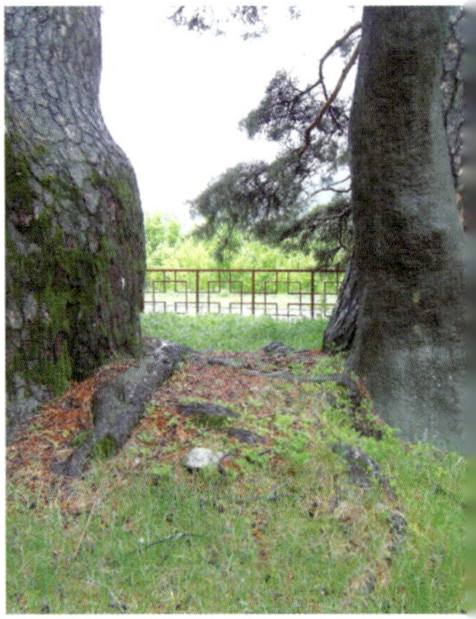

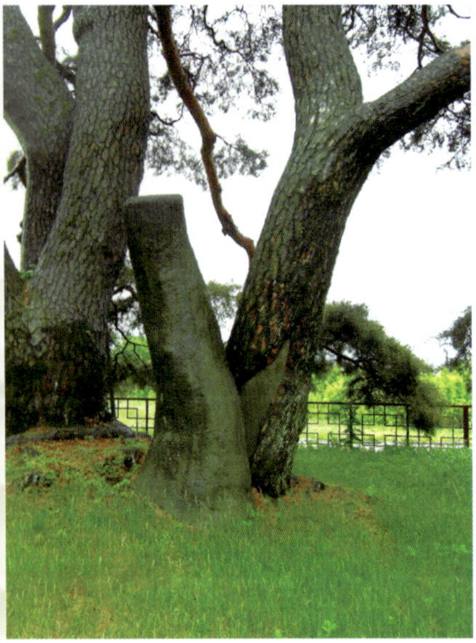

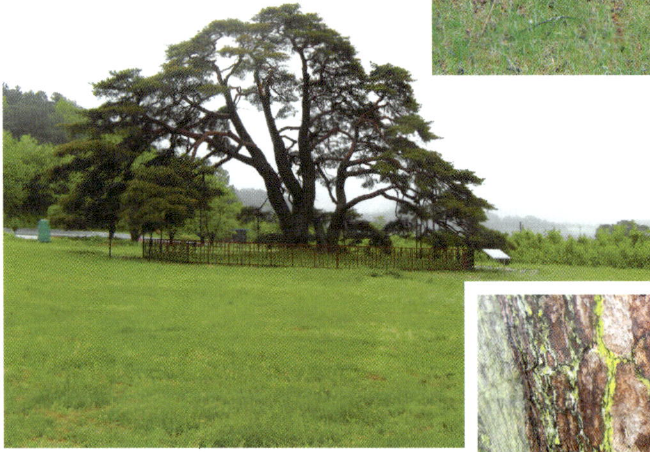

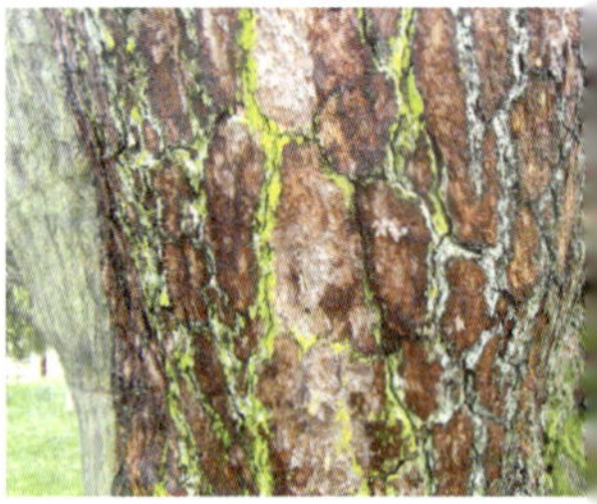

상현리 마을 사람들은 이 소나무를 매우 신성하게 여겨 나무를 다치게 하는 것은 물론 땅에 떨어진 잎을 가져가도 천벌을 받는다고 믿어 왔다. 옛날에는 이 나무에 이무기가 살고 있다는 전설이 있어 사람들이 나무 가까이 가지 않았다고 한다.

마을 논밭 안 빈터에 서 있는 마을의 당산목으로서, 해마다 정월 대보름에는 마을 사람들이 이 나무 아래에 모여 마을의 안녕과 풍년을 기원하는 동제(洞祭)를 지내왔다.

신성시되어 온 상현리 소나무 ● 경북 상주시 화서면 상현리 50-1 ● 관리자: 상주시

낙화담(落花潭) 소나무는 수령 500년, 나무 높이 13m의 반송(盤松)이며, 낙화담(연못) 중앙 작은 섬(약 33㎡) 내에서 자라고 있다. 사방에서 보아도 나무의 모양이 같고, 전체적으로 수형이 균형 잡혀 있어 아름답다. 외형적 상처가 없으며, 생육상태도 양호하고, 잘 관리되고 있다. 2004년 4월 8일 시도기념물 제147호(상주시)로 지정되었다.

주민들은 이 나무를 마을을 지켜 주는 수호목이자 마을의 상징물로 소중히 여기고 있다.

:: 낙화담 및 소나무 유래

이성계가 조선(朝鮮)을 건국하자 고려시대 말기의 황간 현감(黃澗縣監) 김구정(金九鼎)은 1392년 벼슬을 버리고 망국지신(亡國之臣)으로 절의를 지켜 판곡(板谷)에 은거하면서 마을 안산인 백화산(白華山)이 화기(火氣)를 띠고 있어 김씨성(金氏姓)과 상극된다는 풍수지리설에 따라 못(水溜池)을 파게 되었다. 이때 못가에 정자를 짓고 소나무 등의 나무를 심었다.

그 후 소나무와 여러 화초들이 무성하여 훌륭한 경치를 이루었고 봄, 가을이면 시 읊기를 좋아하는 선비가 모였으며, 마을의 노인들도 이곳에서 즐겼다고 한다.

16세기 후반에는 이 고을의 유명한 선비 노수신(盧守愼)·성윤해(成允海) 그리고 김준신(金俊臣)의 부친 김흡(金洽) 등 세 사람이 청향계(淸香契)를 맺고 시부(詩賦)와 우국지정(憂國之情)을 나누며 이 연못가에서 지내는 일이 많았다. 이 연못을 만든 청도 김씨(淸道金氏) 문중은 번성하였다.

청도 김씨 문중에 김준신이 태어났는데, 그는 기골이 장대하고 지략과 용맹함이 뛰어나 일찍이 이름이 나 있었다. 임진왜란이 일어나자 김준신은 의병을 조직하여 경상도 일대에서 많은 일본군을 도살하는 큰 공을 세웠다. 그는 상주진(尙州鎭)에서 일본군과 싸워 일본군을 무수히 무찔렀으나, 그들의 조총(鳥銃)에 맞아 전사하였다.

다수의 일본군이 김공(金公)에게 피해를 입었기 때문에 일본군은 그 보복으로 김공의 마을인 판곡으로 쳐들어가 김씨 가문의 사람들을 학살하였다. 이에 온 동민들이 항거하였으나 모두 비참한 최후를 당하였고, 부녀자들은 일본군에게 욕을 당하기보다는 차라리 깨끗하게 자결하는 것이 옳다고 여겨 동리 앞 이 연못에 서로 다투어 투신 자결하였다. 그 후 이 연못의 중앙에 섬이

생기고 그곳에 노송(老松) 한 그루가 성장하여 당시의 충절과 애상을 말하여
주고 있다. 이로 인하여 낙화담이란 명칭이 생겨났다.

:: 낙화담 시비

임진왜란을 맞아 의병을 일으켜 용감히 싸우다 전사한 의사와 낙화담에 자정
(自靖)한 여인들을 추모하는 시비가 세워져 있다.

낙화담(洛花潭)

— 노산 이은상

임진년(壬辰年) 풍우(風雨) 속에 눈부신 의사(義士) 모습

집은 무너져도 나라는 살아났네

절사곡(節士谷) 피 묻은 역사(歷史)야 어느 적에 잊으리

설악산(雪岳山) 높은 봉(峰)이 본대로 이르는 말

꽃은 떨어져도 열매를 맺었다고

오늘도 낙화담(洛花潭) 향기 바람에 풍기네

:: 김준신 의사

김준신 의사는 1592년 임진왜란이 발발하자 의병장 솔령장(率領將)이 되어
칠곡 - 석전까지 진출하였다가 상주 본진으로 돌아와 북천 전투(北川戰鬪)에

서 순직하였다. 정조 임금은 그를 '의사(義士)'라 칭하였고, 순조 20년(1820
년)에 통훈대부 사헌부 집의에 추증하였다. 낙화담 옆에 김준신 의사를 기리
는 제단이 있다.

임진왜란 때 자정한 여인들의 얼이 서려있는 낙화담과 소나무

답곡리 만지송(萬枝松)은 1998년 12월 23일 천연기념물 제399호로 지정되었다. 만지송의 나이는 약 400년으로 추정되며, 높이 12m, 둘레 3.8m이다. 3개의 줄기가 합쳐져 한 줄기가 된 것 같으나 실제로는 땅에서 60㎝까지만 한 줄기이며, 그 위부터는 줄기가 4개로 갈라져 올라가면서 매우 많은 가지가 여러 방향으로 뻗어 있다. 이렇게 뻗은 가지는 거의 땅바닥에 닿아 있다. 만지송의 바로 옆에는 한 그루의 나무가 있는데, 그 나무의 가지와 만지송의 가지가 어우러져 언뜻 보기에 한 그루인 것같이 보인다.

만지송으로 가는 나무계단(왼쪽 상단에 만지송이 보인다.)

:: 나무 유래

만지송은 영양 석보면 답곡리의 마을 뒷산에서 자라는 소나무로 나무의 가지가 아주 많아 '만지송'이라는 이름이 붙었으며, 옛날 어떤 장수가 전쟁에 나가기 전에 이 나무를 심으면서 자기의 생사를 점쳤다고 하여 '장수나무'라고도 불린다.

수없이 많은 가지들

:: 전설/민속신앙

답곡리 마을 사람들은 만지송을 마을을 지켜 주는 나무라고 여겨 왔으며, 아들을 낳지 못하는 여인이 만지송에 정성스럽게 소원을 빌면 아들을 낳는다는 전설도 있다.

만지송은 오래된 나무임에도 가지가 많아 모습이 매우 아름답고 잘 보존되어 생물학적 자료로서의 가치가 높고, 마을을 지켜 준다고 믿어져 온 나무로서 민속적 가치가 큰 나무이다.

답곡리 마을에 들어서서 안쪽으로 들어가다 보면 답곡교라고 하는 작은 다
리가 있다. 이 다리를 건너면 바로 오른쪽 언덕 위에 만지송이 자라고 있다.
언덕 밑에서 392개의 나무계단을 오르면 언덕 꼭대기에 소나무가 모습을 드
러낸다.

수없이 많은 가지가 있다 하여 '만지송'이라 불리는 답곡리 소나무 ● 경북 영양군 석보면 답곡리 159번지 ● 관리자: 영양군

구미 독동리의 반송은 수령 400년, 나무 높이 13m 의 크기이며, 1988년 4월 30일 천연기념물 제357호 로 지정되었다.

지상 40㎝ 높이에서 가지가 남북 2개로 갈라졌는데, 남쪽 것은 80㎝ 높이에서 3개로 갈라져 있고, 북쪽의 것은 60㎝ 높이에서 5개로 갈라져 있다.

:: 나무 유래

안강 노씨가 이곳 마을에 입향(入鄕)할 때 심었으며, 그 후 잘 성장한 나무라 고 하며, 그 이상의 내력은 전해지고 있지 않다.

단아한 모습의 독동리 반송
경북 구미시 선산읍 독동리 539
관리자: 구미시

예천 사부리(沙夫里) 소나무는 수령 200년, 나무 높이 8m의 반송(盤松)형태의 나무이며, 1995년 6월 30일 시도기념물 제111호(예천군)로 지정되었다.

다른 반송은 줄기가 비스듬히 자라는 데 비해 이 나무는 밑동에서 부터 일정한 높이까지 수직으로 자라난 특이한 형태를 보여 주고 있다.

지금 나무의 모습은 몇 개의 가지가 잘려 균형을 잃었을 뿐 겉모양은 공중에 낙하산을 펼쳐 놓은 듯하다.

:: 나무 유래

임진왜란 · 정유재란(1592~1598) 때 중국 명나라 장군인 이여송(李如松)이 벼루 속에 소나무 씨를 넣어 가지고 와서 심은 것이 자라난 나무라고 한다.

마을 사람들은 매년 정월 대보름날에 이 나무 밑에서 마을제사(洞祭)를 올리며 마을의 안녕과 평화를 기원하였다. 지금도 마을 사람들은 이 나무를 당산나무로 삼고 있으며, 정성껏 보호하고 있다.

명나라 장수 이여송이 심었다고 전해지는 사부리 소나무
⦿ 경북 예천군 용문면 사부리 817
⦿ 관리자: 예천군

예천 석송령 소나무는 수령 600년, 나무 높이 10m의 노거수이며, 1982년 11월 4일 천연기념물 제294호로 지정되었다.

'석송령(石松靈)'이라는 이름을 가진 이 소나무는 예천군 감천면 천향리 마을 길가에 서 있는데, 굵은 가지가 옆으로 뻗어 있다. 가지가 옆으로 퍼져서 수관을 넓게 발달시키고 있다.

석송령 소나무에는 두 번 갔는데, 처음 갔을 때에는 나무 밑에 막걸리 병이 있었고, 두 번째 갔을 때에는 사진을 찍고 있는데 어떤 여인이 오더니 막걸리 두 병을 나무 밑 제단에 올려놓고 기원을 하였다. 기원이 끝나자 나무뿌리 주변에 막걸리를 뿌려 주는 공양을 하고 가는 것을 보았다.

:: 세금 내는 나무

1928년, 마을 주민 이수목 씨는 이 소나무에게서 영기(靈氣)를 느껴 '석송령'이라는 이름을 붙여 주고 자신이 소유하던 땅 약 3,300㎡를 상속 등기해 주었다. 석송령은 자신의 명의로 땅을 가지고 있어서, 세금을 내는 나무로 분류되어 있다.[26] 나무가 토지 소유권을 갖고 세금을 내는 것은 세계에서 그 유례가 흔하지 않은 일이다.

:: 나무 유래

조선시대 초기인 1400년경, 경상북도 북부지방에 홍수가 났을 때 강물에 떠
내려오는 소나무를 마을 주민이 건져 이곳에 심은 것이 자라나 지금의 나무
가 되었다고 전해진다.

:: 나무 관리

석송령 소나무에 대한 관리는 철저히 이루어지고 있다. 일단 먼 곳에서부터 방향안내표시가 되어 있어서 나무 있는 곳까지 편하게 갈 수 있었다. 나무 울타리는 개방형으로 되어 있었다. 나무의 정면 울타리를 터놓아 사람들이 나무 앞까지 가서 구경을 하면서 나무의 기(氣)를 받을 수 있도록 하였다. 나무 옆에는 피뢰침을 세워 놓아 낙뢰(벼락)에 대비하고 있다. 나무 울타리 부근에는 석송령 2세 두 그루도 자라고 있다.

:: 제례

매년 음력 정월 보름 전날 밤에 마을 주민들이 이 나무 밑에 모여 마을의 평안과 풍년을 기원하는 동제를 지내고 있다. 동제를 마친 후에는 막걸리 공양 행사를 한다.

세금 내는 소나무 석송령
◉ 경북 예천군 감천면 천향리 804
◉ 관리자: 예천군

예천 죽림리의 초간정(草澗亭)에는 여러 그루의 소나무들이 자라고 있다. 초간정의 원래 이름은 초간정사(草澗精舍)이다. 초간정은 조선시대의 학자인 초간 권문해(1534~1591)가 오랜 관직생활과 당쟁에서 벗어나 자연을 즐기기 위해 고향으로 돌아와 창건한 정자로 맑은 계곡과 푸른 소나무 숲 사이의 암석 위에 위치하고 있다. 정자는 용문면 원류마을 앞 굽이쳐 흐르는 계류 옆 암반 위에 막돌로 기단을 쌓고 지었다.

초간정은 1985년 8월 5일 경상북도 문화재자료 제143호로 지정되었다. 우리나라 최초의 백과사전인 '대동운부군옥(大東韻府群玉)'을 저술한 조선시대 중기의 학자 초간(草澗) 권문해(權文海)가 1582년(선조 15년)에 심신을 연마하기 위하여 세운 정자이다. 건물 자체는 여러 차례 수난을 당하였다. 임진왜란 때 경복궁에서 발견된 대동운부군옥을 불사른 일본군은 초간정마저 불태웠다. 1612년(광해군 4년) 때 다시 건립하였으나 1636년(인조 14년)의 병자호란 때 불에 타 잿더미로 변하였다. 임진왜란과 병자호란 후 정자의 현판을 잃고 근심하던 종손이 오색영롱한 무지개가 떠오른 정자 앞 늪을 파 보았더니 거기서 현판이 나왔다는 이야기가 전한다. 지금의 건물은 초간의 8대손이 1870년에 새로 고쳐 지은 것이다.

암석 위의 정자 초간정

초간정 입구

:: 권문해

초간은 권문해의 호이며, 풀(草)과 산골의 물(澗)이란 뜻이다.

초간정을 세운 권문해는 조선시대 선조 때 별시문과 병과에 합격, 관찰사·좌부승지 등을 지낸 학자이다. 그는 관직 생활을 마치고 고향 예천으로 낙향한 후, 1334년 중국의 음시부가 지은 백과사전 '운부군옥'을 읽고 또 읽었다. 그는 조선의 백과사전 편찬을 결심하고, 역사·인문·지리 외에 국명·성씨·인명·효자·열녀·수령·신선·나무·금수 등으로 나눠 우리나라 최초의 백과사전을 완성하였다.

조선시대 백과사전 편찬의 산실 초간정 주변의 소나무들(왼쪽)
- 경북 예천군 용문면 죽림리 350
- 초간정 관리자: 권영기, 초간정 원림 관리자: 예천군

예천 금당실 송림(金塘室 松林)은 천재지변이 일어나도 마음 놓고 살 수 있다는 땅을 일컫는 십승지지의 한 군데로 알려져 있는 예천 용문면 금당실 마을의 수해방지와 바람막이를 위하여 조성된 소나무 숲이다. 현재 금당실 송림으로 지정된 구역의 면적은 21,864㎡이며, 이 지역은 2006년 3월 28일 천연기념물 제469호로 지정되었다.

금당실 송림은 금당실 서북쪽에 위치하는 숲으로 오미봉 밑에서부터 용문초등학교 앞까지 약 800m에 걸쳐 소나무 수백 그루가 울창하게 조성되어 있어 아름다운 경관을 이루고 있으며, 주변에 학교, 농경지 및 민가가 인접하여 있다.

이 소나무 숲은 오랜 기간 마을 주민들이 마을 보호를 위하여 관리하여 왔으며, 마을의 휴식처와 행사의 중심지로 활용되는 등 역사적·문화적 가치가 큰 곳이다.

:: 송림 조성 및 관리

금당실 송림은 상금곡동 마을이 낙동강 지류인 복천, 용문사 계곡, 청룡사 계곡으로 흐르는 계류가 만나는 삼각주를 형성하고 있어 해마다 여름철 하천 물이 범람하므로 수해방비(水害防備)와 겨울철 북서한풍(北西寒風)을 막기 위하여 마을 주민들이 조성한 숲이다.

그러다가 1863년 동학을 전파하던 최제우가 체포되어 처형되는 과정에서 민심이 동요되어 큰 나무들이 일부 벌채되고, 1894년 동학혁명 당시 노비구출 비용 마련을 위한 나무 벌채가 심하여 1895년(고종 32년) 법무대신이던 이유인이 금당실에 95칸의 집을 짓고 거주하면서 이 숲을 보호하여 왔다고 한다.

철저히 보호, 관리되어 온 금당실 소나무 숲의 나무들
● 경북 예천군 용문면 상금곡리 542
● 관리자: 예천군

청도 매전면 동산리의 소나무는 수령 200년, 나무 높이 14m 크기의 나무이며, 1982년 11월 4일 천연기념물 제295호로 지정되었다. 수관의 폭은 좁은 편이나 가지가 능수버들처럼 아래로 축축 늘어지는 특이한 모양을 하고 있다. 나무 관리를 위해 774㎡의 면적이 지정보호구역으로 설정되어 있다.

국도(國道)에서 8m 정도 떨어진 언덕에서 자라고 있으며 본래 10여 그루가 같이 자라고 있었으나 고사하고 지금은 이 한 그루만이 남았다. 바로 옆에 고성 이씨(高城 李氏)의 묘(墓)가 있는 것을 볼 때 도래솔의 목적으로 심어진 것으로 보인다.

동산리 처진 소나무는 늘어진 가지가 버드나무를 닮았다고 하여 유송(柳松)이라고도 부른다.

옛날 어느 정승이 이 나무 옆을 지나는데, 갑자기 큰 절을 하듯 가지가 밑으로 처지더니 다시는 일어서지 않았다는 이야기가 전해진다.

모든 것을 내려놓겠다는 듯이 가지들을 내린 매전면 동산리 소나무
● 경북 청도군 매전면 동산리 146
● 관리자: 청도군

청도 운문사 대웅전 옆에서 자라고 있는 소나무는 가지가 밑으로 축 처진 모습을 하고 있는 매우 희귀한 나무이다. 가지가 밑으로 쳐졌기에 처진 소나무라고 부른다.[27] 이 소나무는 수령 500년, 나무 높이 6m의 노거수로서 1966년 8월 25일 천연기념물 제180호로 지정되었다. 운문사 앞뜰에서 자라고 있는 이 소나무는 절집에 들어선 사람들을 두 팔 벌려 맞이하는 듯한 모양을 하고 있다.

:: 나무 상태

지상 2m쯤 되는 곳에서 줄기가 갈라져 수평 방향으로 고루 뻗어 나가고 있다. 많은 받침대를 세월 뻗어 나가는 잔가지들을 보호해 주고 있다. 받침대가 없었다면 가지가 땅에 닿았을 것이다.

27) 나무의 모습이 낮게 옆으로 퍼지는 모습 때문에 한때 반송(盤松: 키가 작고 밑동부터 가지가 옆으로 퍼지는 소나무)이라고 부르기도 했으나, 이 나무는 2m 정도의 높이에서 가지가 사방으로 퍼지면서 밑으로 처지기 때문에 처진 소나무로 본다.

이 소나무는 나무의 모양이 매우 아름답고, 전형적인 처진 소나무의 모습을 보여 주고 있어 생물학적 자료로서의 가치가 크며, 문화적 자료로서의 가치도 있는 것으로 평가되고 있다. 나무의 명칭과 관련해서는 '운문사 처진 소나무' 라고 하지 말고 '운문사 소나무' 라고 하는 것이 좋을 듯 하다. 나무 이름에 '처진'이 붙으니 어감이 좋지 않다.

:: 막걸리 공양

운문사 스님들은 매년 삼월 삼짇날에 경내에 있는 처진 소나무에 막걸리 공양을 한다. 2009년 3월 29일은 음력으로 3월 3일, 즉 삼월 삼짇날이어서 막걸리 공양모습을 보기 위하여 새벽같이 일어나 길을 서둘렀다.

운문사 경내에는 두 그루의 큰 나무가 있는데 한 그루는 은행나무이고, 다른 한 그루가 처진 소나무이다. 스님들은 먼저 은행나무에 막걸리 공양을 하고 이어서 소나무에도 공양을 한다.[28] 오래된 나무를 배려하는 사람들의 마음이 막걸리 공양으로 나타난다. 막걸리 공양을 시작하면서 대표 스님이 소나무의 "500회 생신을 축하드린다"고 말문을 열었다. 적어도 이 나무를 관리하는 운문사에서는 이 나무의 수령을 500년으로 잡고 있으며, 이날이 500회 생일을 축하하는 날이어서 뜻깊었다.

운문사의 스님들은 매년 봄과 가을에 이 소나무 밑동과 주변에 막걸리 12말을 물 21말에 타서 이 나무뿌리에 부어 주는 행사를 계속하고 있다. 막걸리 공양을 하는 이유는 막걸리를 부으며 나무의 건강을 기원하는 것에 있다. 공양 덕분인지 이 소나무는 해마다 가지를 뻗는 등 잘 성장하고 있다.

:: 나무 유래

사찰에 있는 만큼 스님과 관련된 전설이 전해지는데, 옛날 어떤 고승(古僧)이 소나무 가지를 꺾어서 땅에 꽂은 것이 자라나 이 나무가 되었다고 한다.

2009년 3월 29일 500회 생일을 맞이한 운문사 소나무
◉ 경북 청도군 운문면 신원리 1768-7
◉ 관리자: 운문사

의성 월소리(月沼里) 소나무는 수령
200년, 나무 높이 12m의 나무이며,
1994년 6월 3일 시도기념물 제97호
(의성군)로 지정되었다.

이 소나무는 월소리 비로자나불로부터 500m 떨어진 신법마을 입구에 있다.[29]
나무줄기에 세 갈래의 큰 가지가 위로 줄기차게 뻗어 있다. 자라나는 상태가 매
우 좋으며, 안정된 형태를 갖추고 있어 위엄 있는 모습이다.

나무 앞에 제단이 있기는 하나 이곳에서 당산제를 지내는 것 같지는 않아 보였
다. 나무 설명문에도 신목이라든가 당산제라든가 하는 내용은 들어 있지 않다.

조선시대 광해군(재위 1608~1623) 때 평산 신씨가 이 마을에 정착하면서 심었다고 전하며, 지금은 정자목(亭子木)으로서 마을 사람들의 휴식처로 사용되고 있다.

마을 사람들의 쉼터 월소리 소나무
- 경북 의성군 안사면 월소리 693(월소 3리 경로회관 앞)
- 관리자: 의성군

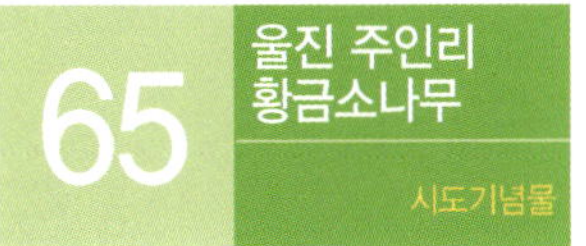

울진 주인리 황금소나무는 수령 53년(2009년 기준), 높이 7m의 젊은 나무이며, 그 황금빛 색깔이 아름다워 2004년 12월 6일 시도기념물 제151호(울진군)로 지정되었다. 이파리의 색이 황금빛이며 수관은 총관형이다.

나무 아래에 위치한 민가 주민의 말에 의하면, 원래부터 그 자리에서 자라고 있었는데 어느 날부터 지나가던 사람들이 보고 입소문을 내게 되면서 알려지게 되어 시도기념물로 지정받게 되었다고 한다.

황금 소나무(사진 중앙)

옆에서 본 황금 소나무

:: 나무 특징/상태

이 소나무는 나뭇잎이 황금색이어서 '황금소나무'라고 불리는데, 이는 엽록소가 없거나 부족하여 생기는 특이한 현상으로 소나무의 변이종이다. 세계적으로도 희귀하다고 한다. 아직 어린 나무이기 때문에 생장은 양호한 편이다. 수평과 수직으로 균형을 잘 유지하고 있다.

:: 찾아가기

917번 지방도로를 따라 덕구온천방면으로 가다 보면 주인리 마을에서 절골로 가는 길목에 면전동 마을이 있고 마을 끝자락 주택 뒤의 산림 속에 자생하고 있다.

연한 황금빛을 발하는 희귀한 황금소나무
● 경북 울진군 북면 주인리 산 136
● 관리자: 울진군

66 울진 수산리 소나무 숲
 일반

울진 수산리 소나무 숲은 1850년대 왕피천 하구에 조성되었다. 마을 앞 왕피천의 범람으로 인한 수해와 해풍피해를 막고 농업용수 확보를 위해 둑을 막을 때 사용하는 목재용으로 심은 것이다. 평균 150년생 소나무 500여 그루가 자라고 있다.

왕피천 변 엑스포공원 내에서 자라는 소나무들
● 경북 울진군 근남면 수산리

행곡리 처진 소나무는 수령 300년, 나무 높이 11m의 노거수이며, 1999년 4월 6일 천연 기념물 제409호로 지정되었다. 이 마을의 상징목으로 보호를 받고 있다.

나무 앞에는 시냇물이 흐르고 있다. '시냇물 앞의 다리'라는 뜻의 천전교(川前橋)를 건너오면 바로 이 나무를 만날 수 있다.

당초 마을 사람들은 소나무 주변에 시냇물이 넘치는 것을 막기 위해 소나무 숲을 조성하였는데, 어찌된 일인지 1960년대 이후 많은 소나무가 벌채되었다. 다른 강이나 시냇가 주변의 송림은 대부분 보존되고 있는데 이곳에서는 효자비각과 처진 소나무를 제외하고는 벌채되었다. 벌채 당시 이 처진 소나무의 모양이 수려하고 특이하게 생겨 마을 사람들의 보호를 받게 되었다.

:: 나무/마을 명칭 유래

이 나무는 마을이 생겨날 때 심어진 것으로 전해질 뿐 그 이상의 내용을 알기 어렵다.

행곡리는 본래 '쌀구'라 하여 쌀이 나오는 바위 천량암(天糧岩)에서 유래하였다. 이 마을은 천량암에서 쌀이 나왔다 하여 쌀고, 살고, 또는 미고촌이라 하다가, 변하여 살구라고 불렀다. 우리말 '쌀구'는 한자로 표기하면 '미고(米庫)'가 된다. 그런데 언제부터인가 '쌀구'가 먹는 과일 '살구'로 변하여 한자로도 살구나무 행(杏)자를 써서 '행곡리'라고 부르게 되었다. 일제 강점기인 1916년 3월 1일 행정구역 통·폐합에 따라 천연동, 구미동, 천전동, 상천전동을 병합하여, 살구를 한자로 옮겨서 행곡리(杏谷里)라고 부르게 되었다.

:: 천량암 전설

천량암은 신라시대 진덕여왕 때 원효대사가 전국의 명산을 찾아다니며 수행을 하던 중 잠시 천량산에 들러 절을 짓고 수행을 하였다. 그런데 그곳 암석 구멍에서 아침저녁으로 쌀이 나와 대사가 수행하는 데 도움이 되었다고 한다. 그 후 원효대사가 이곳을 떠나자 다른 스님이 이곳에 자리를 잡고 수행을 하게 되었는데 그 스님은 나오는 쌀의 양에 만족하지 못하고 구멍을 크게 뚫었다. 그런데 그날부터는 쌀이 나오지 않고 뿌연 뜨물이 나왔다고 한다. 그 스님은 더 이상 그곳에 머물지 못하고 떠나니 절은 폐허가 되었다고 한다.

:: 제례

소나무 앞에는 어떤 효자가 설치한 효자비각(孝子碑閣)이 있다.[30] 조선시대 후기 1877년에 사헌부 감찰을 지낸 이의 아들이 부친을 기리며 세운 각으로 보인다. 효자비각이 왜 이 소나무 바로 앞에 위치하고 있는지는 알려지지 않았다.

30) 효자비에는 다음과 같은 내용이 적혀 있다. 孝子贈 通訓 大夫司憲府監察 朱 命杞之閣 光緒三年 十一月

쌀 나오는 바위 전설이 있는 마을의 소나무 ● 경북 울진군 근남면 행곡리 627 ● 관리자: 울진군

포항 내연산에는 12개의 폭포가 흘러 내리고 있다. 보경사 경내를 지나서 가다 보면 폭포가 하나씩 보이는데 경치는 아름답지만 계곡이 깊으므로 폭포를 다 돌아보려면 충분한 시간적 여유를 가지고 산행을 시작하는 것이 좋다.

31) 겸재 정선의 그림 가운데 '고 사의송관란도(高士倚松觀瀾 圖)', '삼룡추도(三龍秋圖) 1· 2', '내연산폭포도(內延山瀑布 圖)' 등은 그가 경상북도 청하 현감으로 재직할 때 내연산(內 延山)을 오르내리며 그린 산수 화라고 한다.

겸재 정선(1676~1759)은 이곳 내연산에 와서 관음폭포와 연산폭포 등의 폭포를 화폭에 담기도 하였다.[31] 내연산 12개의 폭포 가운데 가장 아름답다고 알려진 관음폭포에서 고개를 들어 바라보면 비하대(飛下臺)가 솟아 있다. 비하대는 절벽인데, 그 절벽 낭떠러지에 몇 그루의 크고 작은 소나무들이 자라고 있다. 비하대뿐만 아니라 관음폭포 주변에도 키가 훤칠한 소나무들이 자라고 있다.

:: 겸재 정선

조선시대 후기의 화가인 정선(鄭敾, 1676~1759)의 호는 겸재(謙齋)이다. 그는 젊은 나이에 김창집(金昌集)의 천거로 도화서의 화원(畵員)이 되고 그 뒤 2년간 청하현감을 지냈다. 그는 청하현감으로 재직하는 동안 보경사와 청하골을 오르내리며 내연산의 산수를 화폭에 담았다.

보경사 경내 대웅전 부근 석탑 옆에 수령 150년의 소나무가 자라고 있다. 그 모습이 단아하여 보경사를 소개하는 홍보물에는 늘 같이 소개되는 나무이다. 오래된 나무는 아니지만 많은 사람들이 한 번씩은 바라보고 가는 아담한 나무이다.

보경사 경내에는 이 소나무 말고도 일주문을 지나면 보이는 수십 그루의 적송이 있다. 나무 상태나 모습이 부드럽고 맑은 느낌을 주는 소나무들이다.

보경사 일주문

:: 보경사

신라의 지명법사(智明法師)가 602년 중국 진나라에서 유학하고 돌아와 진평
왕에게 ‘동해안 명산에서 명당을 찾아 자신이 진나라의 어떤 도인에게서 받
은 팔면 보경(八面寶鏡)을 묻고 그 위에 불당을 세우면 왜구의 침입을 막을
수 있을 뿐 아니라 이웃나라의 침략도 받지 않으며 삼국을 통일할 것’이라고
말하였다. 왕이 기뻐하여 그와 함께 동해안 북쪽 해안을 거슬러 올라가다가
해아현(海阿縣) 내연산 아래에 있는 큰 못 속에 팔면 보경을 묻고 못을 메워
금당을 건립한 뒤에 ‘보경사(寶鏡寺)’라고 칭하였다. 그 후, 고려시대에 들어
와서 원진국사(圓眞國師)가 사찰을 크게 중창하였다.

거울을 묻은 자리에 세웠다는 보경사와 소나무들 ● 경북 포항시 송라면 중산리 622 ● 관리자: 보경사

9. 부산 · 경남

부산 기장군 기장읍 죽성리에 해송 한 그루가 자라고 있다. 이 해송은 6그루의 나무가 모여 한 그루의 큰 나무처럼 보이는 노거수로 수령 300년, 나무 높이 20m의 나무이며, 2001년 5월 16일 시도기념물 제50호(부산광역시)로 지정되었다. '기장 미역'으로 잘 알려진 작은 어촌마을 죽성리 두호마을 언덕바지에 있는 나무이다.

죽성리 해송은 해송으로서는 보기 드문 수려한 모습을 하고 있으며, 죽성항 배후의 언덕 위에 위치하고 있어, '조망 좋은 곳의 수려한 나무'라고 불릴 만하다.

바다 반대편 높은 언덕 위에는 '죽성리 왜성'이 자리 잡고 있다. 임진왜란 당시 일본군이 축조한 일본식 성을 왜성(倭城)이라고 하는데, 일본군이 한눈에 온 바다를 내려다 볼 수 있는 이곳을 군사적 요충지로 분류하고 성을 쌓았음을 알 수 있다.

땅으로 내려온 가지

나뭇가지 밑으로 왜성이 보인다.

옛날부터 이곳 마을 주민들은 음력 정월 보름에 풍어를 기원하는 풍어제를 지냈으며, 서낭신을 모신 국수당에서 마을의 안녕을 기원하였다.

:: 국수당/국수대

조선시대 중기인 1600년경 조성된 국수대(國樹臺)는 기우제나 국가적인 혼란이 발생했을 때 국가 차원에서 기원제(祈願祭)를 올리던 곳이다.[32] 여섯 그루의 해송이 제당을 둘러싸고 있어 멀리서 보면 한 그루처럼 보인다.

해방 후에 지역민들이 이곳을 당제를 올리는 곳으로 이용하기 시작하면서 지금의 국수당(國樹堂)으로 불리게 되었다. 국수당은 매년 당제를 올릴 때마다 제당에 돈을 넣는 관행이 있는데, 이러한 관행은 다른 곳의 당산과는 다른 것이라고 한다.

국수대는 처음에 옛 신앙의 한 형태인 돌무덤을 쌓고 그 주위에 여섯 그루의 해송을 심었는데 지금은 돌무덤 자리에 제당이 놓여 있다.[33]

32) 기장군청 안내책자.

33) 기장군청 홈페이지 http://tour.gijang.go.kr/ (검색일: 2009. 02. 17.)

바닷가 언덕 위에서 동해바다를 내려다보는 죽성리 해송

- 부산광역시 기장군 기장읍 죽성리 산 52-1
- 관리자: 기장군

<table><tr><td>**71**
천연기념물</td><td>부산 좌수영성지
곰솔</td></tr></table>

부산 수영동의 곰솔은 수령 400년, 나무 높이 22m의 큰 나무이며, 1982년 11월 4일 천연기념물 제270호로 지정되었다. 곰솔의 껍질이 거북등처럼 갈라져 있는 것이 특징이다. 부산 수영공원(水營公園) 안에 위치하고 있으며, 경계에 아치형의 석문이 세워져 있다. 그리고 나무 옆에 당집이 있다.

:: 좌수영성 터

부산시 수영구 수영동, 망미동, 광안동 일대에 걸쳐 있는 좌수영성(左水營城)은 경상좌도 수군의 총 지휘자가 머물던 본영(本營)으로, 원래는 부산포에 있었다. 그러다가 울산 개운포(開雲浦)로 옮겨졌고, 임진왜란 직전에 이곳으로 다시 옮겨 왔다가 인조 때 감만이포로 옮겼고, 1652년(효종 3년) 다시 이곳 부산포로 옮겨 온 뒤 1895년(고종 32년) 구군제가 폐지될 때까지 수군절도사(水軍節度使)의 진성(鎭城)으로 사용되었다. 성의 축조연대는 미상이나 현재의 것은 1692년(숙종 18년)에 좌수사(左水使) 문희성(文希聖)이 개축한 것으로, 석벽 높이는 4m, 3개소의 우물, 4대문과 4곳의 배수구, 옹성(甕城), 치성(雉城), 보루(堡壘) 등이 있었다.

경상좌도 수군절도사, 종군이 있었으며, 7개의 진이 소속되어 모두 65척의 전투선과 45척의 나룻배가 경상도 동쪽 해안을 방어하는 데 힘썼다.

좌수영성은 일제 강점기 때 관리를 소홀히 하여 대부분이 무너졌고, 현재는 성벽과 남문, 홍예문, 배수구(排水口) 등만 남아 있다.

곰솔 옆의 당집(수영고당)

아치형 석문 뒤로 곰솔이 보인다.

:: 민속신앙

조선시대 좌수영(左水營)이 이곳에 있을 때 이 곰솔은 군신목(軍神木)으로
서 군인들이 무사하기를 기원하던 나무이다. 가까운 곳에 당집(수영고당)이
있고 장승이 서 있다.

:: 수영고당

수영고당(水營姑堂)은 조선시대 수사(水使)가 국태민안을 위한 독신(纛神)의 제사를 지냈으며, 이후 수영성의 주민들이 마을의 안녕과 풍요를 기원하는 토지(土地)의 신(神)에 대한 제사를 올리게 되었다고 전해진다.

현재의 수영고당은 일제 강점기 일본군의 희롱을 물리친 송씨 할머니의 장한 정신을 기리기 위해 제당에 모시고 독신과 함께 매년 음력 정월 보름날 수영향우회에서 주관하여 제사를 지내고 있다.

수영고당의 창건은 임진왜란 이전으로 추정되고 있으며, 그동안 제당이 오래되어 허물어진 것을 1936년에 중건하였다. 지금의 건물은 1981년 김기배 씨에 의해 증수되었으며, 2003년 그의 아들 김종수 씨가 개수한 것이다. 제당의 정면에서 바라볼 때 오른쪽은 성주신당(城主神堂)이고, 왼쪽은 독신묘이다.

특히 독신묘에는 병영(兵營)의 대장(大將) 앞에 세우는 독기를 안치하여 군기(軍旗)의 신(神)에게 제사를 지내고 있어 일반 제당과는 다른 점이 있다. 주민들은 수영공원 내 제당 가까운 곳에 있는 푸조나무는 지신목(地神木)으로, 곰솔나무는 군신목(軍神木)으로 여겨, 자식이 군대에 가거나 먼 길을 떠날 때에는 이곳에 와 수영고당과 신목에 무사안녕을 기원하면 큰 효험이 있다고 믿고 있다.

조선 수군의 본영 터에서 자라난 좌수영지 곰솔
● 부산시 수영구 수영동 229-1
◉ 관리사: 수영구

72 부산 동백섬 소나무 숲

일반

해운대 동백섬은 소나무 숲을 이루고 있는 곳이다. 이곳에는 벼락 맞은 소나무 한 그루와 수를 알 수 없는 곰솔이 바다를 내려다보며 자라고 있다.

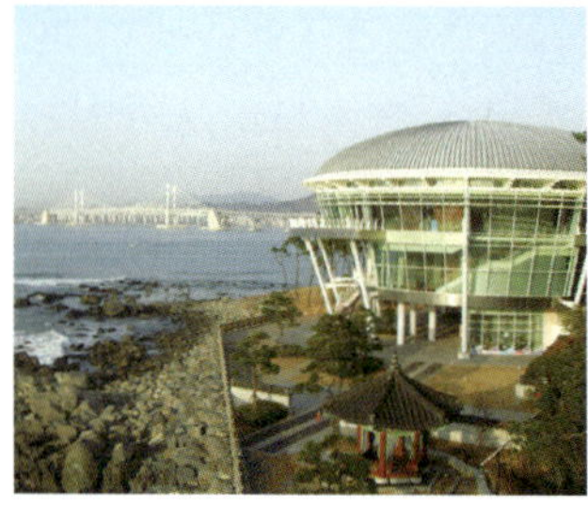

APEC 정상회담이 열린 누리마루

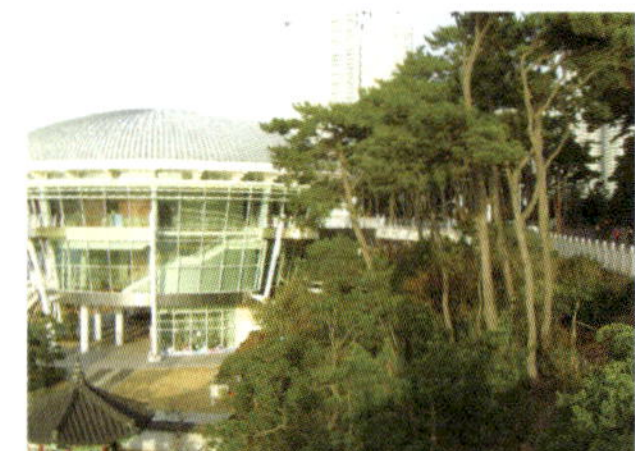

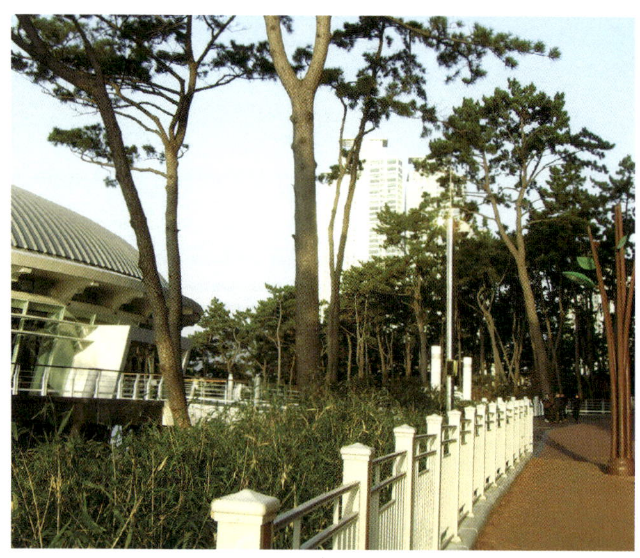

- 부산시 해운대구 우 1동 737
- 관리자: 해운대구

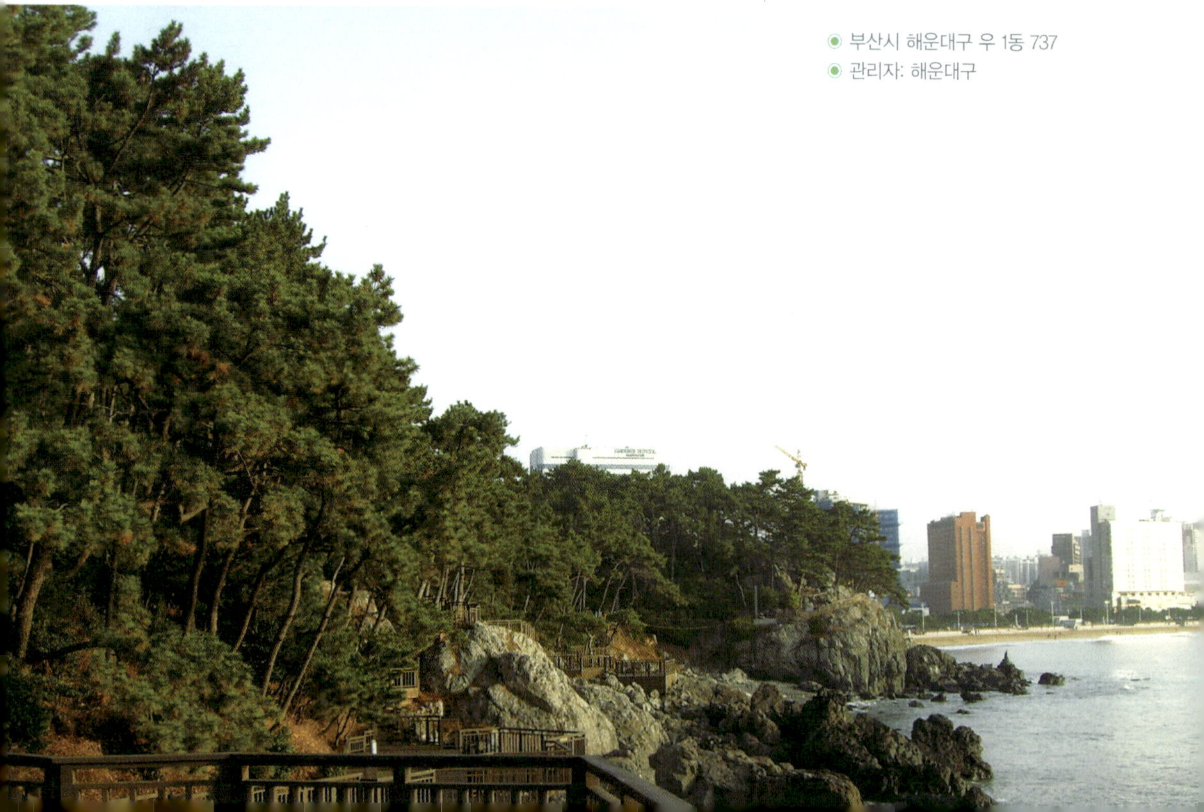

:: 벼락 맞은 소나무

동백섬 입구 조선호텔 맞은편에는 벼락 맞은 소나무 한 그루가 기념 식수되어 있다. 이 소나무는 벼락을 맞고도 살아났기 때문에 '행운'과 '강인한 생명력'을 상징한다.

우리 조상들은 벼락을 맞고도 생명력을 잃지 않고 생장하는 소나무를 옛날부터 신성시하였으며, 나무에 상서로운 기운이 있다고 믿었다. 이 벼락 맞은 소나무는 한 그루에 두 개의 줄기가 조화를 이루며 자라고 있어, 부산시가 아시아태평양경제협력체(APEC) 회원국의 화합과 APEC 성공 개최의 염원을 담아 이곳에 옮겨 심은 나무이다.

:: 누리마루 주변 소나무

APEC 정상회담이 개최된 누리마루를 중심으로 하여 섬 전체에 분포되어 서식하는 곰솔은 모두 수형이 아름답고 나무 색깔도 선명하여 보는 이의 마음을 상쾌하게 해 준다.

벼락이 나무 줄기를 타고 내려온 것을 볼 수 있다.

함양 목현리의 구송(九松)은 수령 270년, 나무 높이 12m 크기의 나무이며, 1988년 4월 30일 천연기념물 제358호로 지정되었다.

목현리 냇가 부근에서 자라고 있는 이 나무는 줄기가 아래에서 아홉 갈래로 갈라져 자랐다 하여 구송이란 이름을 얻게 되었다. 9개 중 2개는 고사하였고 지금은 7개만 남아 있다.

줄기가 아래에서 갈라지기 때문에 반송으로 본다. 반송은 잎이 소나무보다 짧고 솔방울의 크기도 더 작고 수관의 발달이 고르고 아담하여 아름답게 보인다.

:: 나무 유래

진양 정씨 입향 선대(入鄕先代)인 화산공이 심은 소나무를 뒤에 문중의 뜻있
는 젊은이들이 이곳 서주천변의 자연 속에서 자연을 즐기고 풍류와 호연지기
를 기르는 곳으로 만들기 위해서 가꾸어 온 것이라고 한다.

줄기가 아홉 개로 갈라져 자란 목현리 구송 ◉ 경남 함양군 휴천면 목현리 854 ◉ 관리자: 함양군

함양 벽송사에는 두 그루의 이름난 소나무가 자라고 있다. 사찰에 들어서면 사찰 건물 뒤로 두 그루의 높이 자란 나무가 사람들을 반긴다. 밑에서 나무를 바라볼 때 왼쪽이 도인송(道人松)이고, 오른쪽이 미인송(美人松)이다.

:: 벽송사

벽송사(碧松寺)는 대한불교 조계종 제12교구 본사인 해인사의 말사이다. 조선시대 중종 15년(1520)에 벽송(碧松) 지엄대사(智嚴大師)가 중창하여 '벽송사'라고 하였다. 벽송사는 서산대사와 사명대사 등 108명의 유명한 스님을 배출한 '한국 선불교 최고의 종가'로 불린다. 서산대사는 깨달음을 얻은 뒤 벽송산문의 제3대 조사가 되어 지리산 일대에서 수행하였으며 임진왜란이 일어나자 팔도도총섭이 되어 승군을 일으켜 도탄에 빠진 나라와 백성을 구하는 데 전력을 다하였다.

또 초월동조(初月東照) 대사는 일제 강점기에 동국대학교의 전신인 혜화전문학교의 교장을 역임하였으며, 이후 독립운동에 투신하여 옥고를 치르다 서대문형무소에서 옥사하였다. 일본의 조선 불교 말살정책으로 인해 400여 년간 지속되어 온 벽송사의 사세도 기울기 시작하였다.

그 뒤 한국전쟁으로 시작된 지리산 빨치산들의 암약(당시 벽송사는 빨치산의 야전병원으로 이용됨)으로 말미암아 벽송사는 국군에 의해 방화되어 완전 소실되었다가, 1960년대 이후 구한원응(久閒元應) 대사에 의해 중건되어 오늘에 이르고 있다.

밑에서 올려다 본 도인송

미인송

:: 도인송과 미인송 전설

벽송사는 '도인송(道人松)'과 '미인송(美人松)'의 전설이
유명하다. 예로부터 목장승에 기원하면 애정이 돈독해지
고, 도인송의 기운을 받으면 건강을 이루고 한 가지 소원
이 이루어지며, 미인송에 기원하면 미인이 된다는 말이 전해 내려오고 있다.
그리고 벽송사 선방에서 도인이 유래 없이 많이 배출되어 '선방 문고리만 잡
아도 성불한다'는 말이 여기서 생겨났다고 한다.[34]

34) http://amita.pe.kr/
temple/temple/htm/
(검색일: 2009. 04. 17)

:: 변강쇠와 옹녀

벽송사 일대는 판소리 여섯 마당 중 외설적인 것으로 알려
진 가루지기타령 '변강쇠가'의 무대이다.

벽송사 부근에 살던 변강쇠와 옹녀는 타고난 성력(性力)을
가졌던 사람들이다. 하지만 어려서부터 배우지를 못했고,
손재주도 없는데다가, 밑천도 한 푼 없어 할 수 있는 일이
라고는 그 일 밖에는 없었다. 하루는 나무를 하러 산에 갔
는데 그것도 안 하던 일이라 힘이 들어 궁여지책으로 길가에 있는 장승을 뽑
아 땔감으로 써 버렸다. 이에 격분한 팔도장승들이 통문을 돌리고 회의를 열
어 변강쇠를 혼내 준다는 내용이다. 장승을 민중에 비유하고 변강쇠를 지배
층으로 풍자한 민중문학으로 평을 받는다.

벽송사 가는 길에 오두재를 넘게 된다. 오두재 오르는 차로 변에 주막이 있고
그 주막 뒤편 야산에 변강쇠와 옹녀의 무덤이 있다.[35]

벽송사 목장승에는 변강쇠와 옹녀의 전설이 깃들어 찾는 이의 발길이 끊이
지 않고 있다.

벽송사 경내에서 바라 본 도인송과 미인송(사진 중앙의 큰 나무가 도인송, 그 오른쪽 작은 나무가 미인송)
● 경남 함양군 마천면 추성리 259
● 관리자: 벽송사

35) 조선일보 '이규태 코너'
(2004년 2월 6일자)에
변강쇠의 고향이 이곳 함
양 오두재 일대라는 내용
이 소개되었고, 경남일보
2004년 2월 24일자에도
이곳 오두재 일대가 변강
쇠의 무대였다는 내용이
소개된 바 있다.

함양 도천리 소나무는 수령 350년, 나무 높이 10m
의 노송이며, 1998년 11월 13일 시도기념물 제213
호(함양군)로 지정되었다.

이 소나무는 나뭇가지가 20m를 뻗치고 있어, 용이 우물에서 하늘로 올라가는 형
상을 한다 하여 용천송(龍天松)이라고도 한다.

:: 나무 특징

이 소나무 뿌리 쪽에 우물이 있는데 아무리 심한 가뭄에도 마르지 않는다고
한다. 나무 아래에는 연못이 있다. 이 소나무는 마치 밑동을 잘라 돌 위에 올
려 놓은 듯한 특이한 모습을 하고 있다.

:: 나무 유래

함양군 도천리는 조선시대 초기의 문신인 하륜(河崙)대감의 후손들이 대대로 살던 마을이며, 하활(河活)의 아들인 하맹보(河孟寶)가 이 우물 뒤에 터를 잡고 살았다. 하맹보의 부인이 매일 새벽 이 우물의 정화수를 떠 놓고 남편과 아들을 위해 두 손을 모아 기원했는데 남편은 충(忠), 효(孝), 예(禮)를 갖춘 공신(功臣)이 되

었으며, 그의 아들 하황(河愰)도 군자감(軍資監)을 지냈다. 아들 하황은 어머니의 정성을 기리기 위해 우물 위쪽에 한 그루의 소나무를 심었는데 그 나무가 점점 자라면서 용이 승천하는 모습으로 변해 갔다고 한다. 이 우물 뒤에 있는 집은 경사(經史)와 시부에 통달한 춘계(春溪) 하기현(河琪鉉) 선생이 살던 집이다.

용이 우물에서 나와 하늘로 올라가는 모습의 도천리 소나무
◉ 경남 함양군 병곡면 도천리 717
◉ 관리자: 진양 하씨 문중

함양 개평리(介坪里) 소나무는 2그루인데, 한 그루는 수령 500년, 나무 높이 16m의 노거수이며, 1998년 11월 13일 시도기념물 제211호(함양군)로 지정되었다. 안타깝게도 이 나무는 이미 고사한 상태에 있다.

:: 나무 유래

풍천 노씨가 함양으로 들어와 살게 되면서, 옥계 노진 선생의 선조가 함양 지곡 개평리에 나무를 심었다는 이야기가 전해진다.

개평리 소나무 부근에 풍천 노씨 고택이 있는 것으로 보아 노씨 가문에서 나무를 심었고, 그 후에 나무가 있는 곳의 토지 소유권이 초계 정씨 문중으로 이전된 것으로 추정되고 있다.

:: 나무 상태

이 멋진 개평리의 소나무는 안타깝게도 고사(枯死)하였다. 돌보는 이가 없어서 그런지 아니면 다른 이유가 있었는지 죽은 지 3년 이상은 되어 보였다. 살아있는 다른 한 그루는 수령 100년으로 추정되며 고사한 나무 옆에서 꼿꼿하게 자라고 있다.

:: 소나무/종암우물의 전설

풍수지리설에 의하면 개평리 마을의 형상이 배 모양인데, 처진 소나무가 돛을 연상케 하고, 마을에 우물을 파면 배 밑바닥이 구멍이 나서 배가 가라앉는다 하여 청하현감을 지낸 정덕재가 우물 옆 둥근 바위에 종암(鍾巖)이라는 글자를 새겨 어느 누구라도 소나무와 우물을 건드리지 못하도록 하였다.

종암비석

종암우물

:: 제례

해방 이후까지 동네 사람들은 이 소나무 앞에서 마을 제사를 지내왔으며, 제사를 마친 뒤에는 각 가정의 나쁜 기운을 막고, 건강과 평화를 기원하기 위해 나무 둘레에서 지신밟기를 하였다고 전해진다.

조용한 선비마을을 지켜 온 개평리 소나무 ● 경남 함양군 지곡면 개평리 262−1 ● 관리자: 초계 정씨 문중

함양 개평리 소나무 군락지에는 수령 300~400년, 나무 높이 10~15m의 100여 그루의 소나무가 군락을 이루어 자라고 있으며, 2004년 10월 21일 시도기념물 제254호(함양군)로 지정되었다.

마을 앞 야산의 능선을 따라 생존하고 있는 소나무(적송) 군락은 풍수적 의미에 따라 마을을 보호하기 위한 숲으로 조성되어 오늘에 이르고 있다.

:: 문화마을 개평리

개평리는 일두 정여창 선생을 비롯한 유학자를 배출한 전통 한옥마을이며,

많은 건축물이 문화재와 기념물로 지정되어 있다. 노 참판댁 고가(盧參判宅 古家)는 문화재 자료 제360호(경남)로, 하동 정씨 고가(河洞鄭氏古家)는 문화재 자료 제361호(경남)로 지정되어 있다. 그 외에도 다수의 고옥들이 있어서 전통적인 한옥 마을 분위기를 더해 주고 있다.

흰 연꽃(白蓮)이 자라는 백련지 주변의 개평리 소나무 숲
◉ 경남 함양군 지곡면 개평리 251 일대
◉ 관리자: 정의균 외 3인

함양 지곡면 개평리에 있는 일두 정여창 고택 안마당 옆에는 소나무가 한 그루 자라고 있다.[36] 5개의 충신·효자패가 걸려 있는 솟을대문을 들어가면 안채가 나오는데 그 오른쪽 담장에 한 그루의 소나무가 정원수의 모습으로 반듯하게 서 있다. 나무의 수령은 150~200년 정도로 보였고, 안채 건물보다 높이 자라지 않으려는, 그래서 건물과 자연스러운 조화를 이루며 살고 싶었던 소나무의 기특한 심정이 묻어나는 그런 모습을 볼 수 있다.

소나무는 나지막하게 흙을 쌓아 올린 곳에서 자라고 있는데, 이는 마치 먼 산에서 자라고 있는 소나무를 축소하여 통째로 옮겨 놓은 형상이다. 안마당에서 심산의 소나무 경치를 즐기고 싶었던 마음과 수시로 가문의 번영과 마을의 평안을 기원하고자 했던 마음에서 소나무를 심지 않았나 하는 생각이 든다.

36) 정여창 고택은 중요민속자료 제186호(경상남도)로 지정되어 있다.

:: 일두 정여창

정여창(鄭汝昌, 1450~1504)은 조선시대 5현(五賢)의 한 사람이며, 동국 18현 중의 한 사람으로 성리학의 대가이다. 선생의 자는 백욱, 호는 일두이고, 시호는 문헌공(文獻公)이다.

정여창은 판전농시사를 지낸 정복주의 손자이며 한성부좌윤 정육을의 아들로서 함양군 지곡면에서 출생하였다.

성종 21년에 문과에 급제하였고 지리산에서 4서5경과 성리학을 연구했으며, 도학으로는 당시 동방의 최고였다. 김굉필과 더불어 우리나라 유학의 핵심적 부분인 이기론의 꽃봉오리를 맺게 하였다. 그는 안음(안의) 현감 재직 시절 도학사상을 왕도정치로 실천하여 주민들의 복지향상에 주력하였다.

1498년(연산 4년) 무오사화에 연좌되어 함경도 종성으로 유배되었으며 유배
지에서 영면하였고 갑자사화에 다시 연루되어 부관참시를 당하였다. 1517년
(중종 12년)에 문인으로서는 최고의 직함인 대광보국숭록대부 겸 우의정에
증직되었고 1575년(선조 8년)에 문헌공의 시호를 받았다.

일두 정여창 선생의 고택에서 자라는 소나무 ● 경남 함양군 지곡면 개평리 262 ● 관리자: 정씨 가문

거창 당산리 당송(棠山里 棠松)은 수령 600년, 나무 높이 18m의 노거수이며, 1999년 4월 6일 천연기념물 제410호로 지정되었다.

:: 나무 상태

나무껍질은 거북등과 같이 갈라져 있으며, 남쪽의 가지 하나가 죽었으나 전체적으로 아름다운 모양을 유지하고 있다.

:: 전설

이 당송은 나라에 큰 일이 있을 때마다 소리를 내어 미리 알려 준다고 한다. 사람들은 이 나무가 신령스럽다 하여 영송(靈松)이라 부르기도 한다. 국권을 빼앗긴 한일합병(1910), 광복(1945) 및 한국전쟁(1950) 때에는 몇 달 전부터 밤마다 울었다는 이야기가 전해진다.

당산리 마을에서는 매년 정월 대보름마다 이 나무 밑에 모여 영송제(靈松祭)를 지내고 있으며, 제사가 끝난 후에는 대동회를 열고 1년간 당송을 보호할 사람을 선정한다. 이처럼 주민 전체가 자발적으로 모임을 만들어 나무를 보호하는 일에 참여하고 있다.

나라에 큰 일이 있을 때에는 이를 미리 알려준 영험한 소나무 당산리 당송 ● 경남 거창군 위천면 당산리 331

명승인 거창의 수승대에는 소나무 숲이 있는데, 주변의 요수정과 냇물이 함께 어우러져 운치를 더해 주고 있다.

:: 수승대

수승대(搜勝臺)는 2008년 12월 26일 명승 제53호로 지정되었으며(지정구역 면적 7,396㎡), 거창군에서 관리하고 있다.

수승대는 조선시대 선비들이 영남 제일의 동천으로 쳤던 '안의삼동(安義三洞)' 중 하나인 원학동 계곡 한가운데 위치하는 화강암 암반으로 깊고 긴 계곡과 주변 임야와 어우러져 탁월한 자연경관을 보여 주는 곳이다.

수승대 양쪽에는 요수정과 관수루 등이 남아 있어 요산요수(樂山樂水) 하는 조선시대 유학자들의 산수유람 문화가 결합된 상징성이 큰 명승지이다.

수승대 안에는 2005년 1월 13일 시도유형문화재 제423호(거창군)로 지정된 요수정(樂水亭)이 있다. 요수정은 요수 선생이 풍류를 즐기며 제자를 가르치던 곳으로 1542년 구연재와 남쪽 척수대 사이에 처음 건립하였으나 임진왜란 때 소실되었고, 그 뒤 1805년에 후손들이 수승대 건너편 현 위치로 이건하였다. 요수정은 수승대 건너편 솔숲에 부속건물 없이 홀로 세워진 중층의 정자이다.

명승지 거창 수승대의 소나무들
● 경남 거창군 위천면 황산리 890
● 관리자: 거창 신씨 요수종중

축지리 문암송(丑只里 文岩松)은 수령 300년, 나무 높이 20m의 노거수이며, 2008년 3월 12일 천연기념물 제491호로 지정되었다.

큰 바위 위에 터를 잡고 오랜 세월 성장해 온 이 나무는 크고 편평한 바위 위에 걸터앉아 있는 기이한 모양을 하고 있다. 이러한 특이한 생육환경과 아름다운 수형이 그 가치를 인정받아 천연기념물로 지정되었다.

언덕 높은 곳 큰 바위 위에 자리 잡고 있는 이 소나무에서는 드넓은 악양의 들판이 내려다보인다. 전망 좋은 곳에 입지하여 경관성이 뛰어날 뿐만 아니라 옛날부터 문인들이 즐겨 찾아 시회(詩會)를 열어 칭송하였던 곳이다. 마을 주민을 중심으로 문암송계가 조직되어 이 나무를 보호하고 있다.

악양 들판을 한눈에 내려다보는 문암송
● 경남 하동군 악양면 축지리 산 83
● 관리자: 하동군

하동 송림(河東松林)은 1745년(조선시대 영조 21년) 당시 도호부사였던 전천상(田天祥)이 강바람과 모래바람의 피해를 막기 위하여 광평리 일원에 심은 소나무 숲이다. 1935년 섬진강교를 준공하고 홍수방지를 위한 제방공사를 하면서 소나무 숲의 일부가 훼손되었다. 지금은 620여 그루의 노송과 300여 그루의 작은 소나무 등 모두 920여 그루의 소나무가 자라고 있으며, 2005년 2월 18일 천연기념물 제445호로 지정되었다.

하상정

일부 노송의 나무껍질은 거북이 등과 같이 갈라져 있어 옛날 장군들이 입었던 철갑옷을 연상케 한다. 숲 안에는 활을 쏘는 장소인 하상정(河上亭)이 있어 궁사들의 단련장으로 사용되었다.

하동송림은 국내에서 몇 군데 되지 않는 강변 소나무 숲이며, 넓은 백사장과 맑은 섬진강물이 어우러져 있는 경치 좋은 곳이다.

섬진강 강변의 솔숲 하동 송림
◉ 경남 하동군 하동읍 광평리 443−10
◉ 관리자: 하동군

의령 성황리(城隍里) 소나무는 수령 300년, 나무 높이 11m의 노거수이며, 1988년 4월 30일 천연기념물 제359호로 지정되었다. 마을 뒷산 산자락 경사면에 자라고 있는데 2m 높이에서 원줄기가 네 갈래로 갈라져 자라고 있다.

이 소나무는 성황리 마을의 의령 남씨 선조의 묘소 앞에서 자라고 있다. 묘소 둘레에는 이 밖에도 여러 그루의 소나무들이 자라고 있는 것으로 보아 도래솔로 심어진 것으로 보인다.

북쪽에 있는 소나무 가지가 뻗어 이 소나무 가지와 맞닿게 되면 광복이 된
다는 말이 전해져 왔는데, 그러한 현상이 일어난 후 정말로 광복이 되었다고
전한다.

성황리 마을을 지켜주는 소나무 ● 경남 의령군 정곡면 성황리 산 34 ● 관리자: 의령군

합천 화양리(華陽里) 소나무는 해발 500m 정도 되는 곳에 위치한 화양리 나곡마을의 논 가운데 서 있다. 이는 수령 500년, 나무 높이 17m의 적송이며, 1982년 11월 4일 천연기념물 제289호로 지정되었다.

나뭇가지는 3m 높이에서 줄기가 갈라지기 시작하여 수관이 크게 확장되어 있고, 다시 아래로 처지듯 발달하였는데 그 모습이 매우 독특하고 아름답다. 나무 껍질이 거북이 등처럼 갈라져 있고 가지가 용처럼 생겼다 하여 구룡목(龜龍木)이라고도 한다.

마을 사람들은 이 나무를 마을을 지켜 주는 나무로 여기고 오랫동안 정성껏 보호해 왔다.

금줄과 제단

:: 나무 일화

이 소나무에는 연안 김씨 일가가 이곳에 정착하게 된 사연이 깃들어 있다. 광해군 재위 시절인 1613년(광해군 5년), 선조의 계비인 인목왕후의 아버지 김제남이 역모사건에 휘말려 사약을 받고 죽자 그 일가는 풍비박산이 나고 말았다. 역모사건 관련자의 3족까지 씨를 말리는 시대였기 때문에 친인척들은 이름과 성을 숨긴 채 살아가야 했는데, 그 가운데 김제남의 6촌뻘 되는 사람이 이 동네에 숨어들어 바로 이 나무 밑에 초가를 짓고 숨어 살았다고 한다.

산 깊숙한 곳 화양리에서 세월의 흐름에 몸을 맡긴 화양리 소나무
◉ 경남 합천군 묘산면 화양리 835
◉ 관리자: 합천군

10. 제주

옛날 하늘에 제사를 드리던 장소인 제주 산천단에는 여덟 그루의 곰솔이 자라고 있는데, 이들을 산천단 곰솔군(群)이라고 부른다.

산천단 곰솔은 수령 600년, 나무 높이 30m의 거목이며, 주변에 있는 곰솔도 수령과 나무 높이에 있어 크게 차이는 나지 않는다. 산천단에 있는 여덟 그루 곰솔 모두가 1964년 1월 31일 천연기념물 제160호로 지정되었다.

제주시에서 서귀포로 향하는 제1횡단도로를 따라 가다보면 산천단 안내표지가 있고 그곳에 곰솔이 무리지어 자라고 있는 것을 볼 수 있다. 이곳의 곰솔은 우리나라 곰솔 중에서는 가장 오래되고, 나무 높이도 가장 높을 뿐만 아니라 수형이 아름다운 나무이다.

산천단 초입의 곰솔은 무게 중심을 잡기 어려웠는지 굵은 줄기 하나가 기울어져 수평으로 누워있는 모습이다. 지지대 두 개가 더 이상 나무가 기울어져 쓰러지지 않도록 받쳐주고 있다. 이 곰솔 반대편에 서 있는 곰솔도 철제 지지대로 받쳐주어 더 이상 나무가 기우는 것을 막아주고 있다.

산천단 전경

:: 나무 유래

하늘에 제사를 지낼 때마다 백록담까지 가는 것이 어려웠으므로 이곳에 제단인 산천단을 설립하였다. 이때 곰솔 여러 그루를 같이 심었는데, 이 나무들이 잘 성장하여 오늘의 거목이 되었다. 처음부터 여덟 그루를 심었는지는 확실하지 않으나 지금 남아 있는 것은 모두 여덟 그루이다. 이들 곰솔은 제주목사(濟州牧使)가 제단 보호, 제단 주변의 경관 유지 등의 목적으로 심은 것으로 추정된다.

산천단 초입의 곰솔

누운 줄기

:: 산천단

예로부터 제주에서는 제주목사가 한라산 백록담(白鹿潭)에 올라가 하늘에 제사를 지냈는데, 가는 길이 험하고 날씨가 나쁠 때에는 백록담까지 오르는 것이 어려웠으므로 이 곰솔이 있는 곳에 제사를 지내는 제단인 산천단(山川壇)을 설치하여 제사를 올리게 되었다.

옛날 우리 조상들은 하늘에 있는 천신(天神)이 인간 세상에 내려올 때는 큰 나무에서 잠시 쉬어 내려온다고 믿어 왔으며, 이 지역의 주민들은 이 곰솔 또한 신이 땅으로 내려오는 통로에 있는 신목이라고 믿어 신성시하고 잘 보호하였다.

곰솔 수피

곰솔 뿌리와 밑동

산천단은 산천제를 비롯하여 여러 제사를 봉행하던 장소였다. 고려시대부터 한라산 정상에서 지내오던 산신제로 인하여 제물을 지고 올라가던 사람들이 얼어 죽거나 부상을 당하는 등 인명 피해가 발생하고, 또한 날씨가 사나워 정상까지 올라 갈 수 없는 날이 많으므로 1470년(조선시대 성종 1년)에 이약동(李約東) 목사(牧使)가 산천단 자리에 제단을 마련하여 제사를 지내도록 하였다. 이후 산천단에서는 한라산 신묘(漢拏山神廟)를 비롯하여 농사의 재해 예방을 기원하는 포신묘(酺神廟)를 지냈으며, 가뭄이 극심할 때에는 기우제를 지내기도 하였다. 지금도 지역 주민들이 산신제를 지내고 있다.

이약동 목사 사적비와 가장 높이 자란 곰솔

산신제단(제주시 유형문화재 제1호)과
이약동 목사가 세운 신고선비(神古禪碑)

● 제주특별자치도 제주시 아라동 375-1
● 관리자: 제주특별자치도

소나무 황장봉계 표석 소재지

연번	명칭	소재지	비고
서울			
1	서울 재동 백송	서울시 종로구 재동 35 헌법재판소 구내	008
2	서울 조계사 백송	서울시 종로구 수송동 44(조계사 경내)	009
3	서울 원효로 백송	서울시 용산구 원효로 4가 87 용산문화원 내	
인천 · 경기			
4	포천 직두리 부부송	경기도 포천시 군내면 직두리 191	460
5	이천 도립리 반룡송	경기도 이천시 백사면 도립리 201	381
6	이천 신대리 백송	경기도 이천시 백사면 신대리 산 32	253
7	고양 송포 백송	경기도 고양시 일산구 덕이동 산 207	060
8	수원 노송지대	경기도 수원시 장안구 파장동 일대	
강릉 · 강원			
9	영월 청령포 관음송	강원도 영월군 남면 광천리 67-1	
10	속초 설악동 소나무	강원도 속초시 설악동 20-5(설악산 공원관리사무소 부근)	
11	설악산 권금성 무학송	강원도 속초시 설악동 권금성	
12	설악산 울산바위 금강송	강원도 속초시 설악동 울산바위 계단 밑	
13	강릉 오죽헌 율곡송	강원도 강릉시 죽헌동 201	
14	명주 삼산리 소나무	강원도 강릉시 연곡면 삼산리 산 116(소금강 입구)	
15	정선 몰운대 소나무	강원도 정선군 동면 몰운 2리	
16	정선 가수리 오송정	강원도 정선군 정선읍 가수리 가수초등학교 부근	
17	원주 구룡사 금강소나무 숲	강원도 원주시 소초면 학곡리 1029	
청주 · 충북			
18	괴산 삼송리 소나무	충북 괴산군 청천면 삼송리 산 250	290

19	괴산 적석리 소나무	충북 괴산군 연풍면 적석리 산 34-2	383
20	괴산 입석마을 소나무	충북 괴산군 연풍면 입석리	
21	괴산 송면리 연리지 소나무	충북 괴산군 청천면 송면리 산 26	
22	보은 속리 정이품송	충북 보은군 속리산면 상판리 241	103
23	보은 서원리 소나무	충북 보은군 장안면 서원리 49-4	352
24	보은 어암리 백송	충북 보은군 어암리 산 16	

대전 · 충남

25	논산 갈산리 곰솔	충남 논산시 광석면 갈산리 산 26-22	
26	부여 수신리 반송	충남 부여군 외산면 수신리 산 9	158
27	보령 장현리 귀학송	충남 보령시 청라면 장현리 69	
28	서천 신송리 곰솔	충남 서천군 서천읍 신송리 262-3	
29	예산 용궁리 백송	충남 예산군 신암면 용궁리 산 73-28	106
30	아산 해암리 형제송	충남 아산군 인주면 해암리 산 63-1	

전주 · 전북

31	지리산 천년송	전북 남원시 산내면 부운리 산 111	424
32	장수 장수리 의암송	전북 장수군 장수읍 장수리 176-7	397
33	전주 삼천동 곰솔	전북 전주시 완산구 삼천동 14	355
34	고창 선운사 도솔암 장사송	전북 고창군 아산면 삼인리 산 97	354
35	무주 삼공리 반송	전북 무주군 설천면 삼공리 31	
36	고창 동호리 소나무	전북 고창군 해리면 동호리	291

광주 · 전남

| 37 | 해남 성내리 수성송 | 전남 해남군 해남읍 성내리 4(해남군청) | 430 |
| 38 | 해남 송호리 해송림 | 전남 해남군 송지면 송호리 산 9 | |

39	장흥 옥당리 효자송	전남 장흥군 관산읍 옥당리 166-1	356
40	무안 망운면 곰솔	전남 무안군 망운면 송현리 290	
41	무안 석용리 곰솔	전남 무안군 해제면 석용리 843(감정마을)	
42	무안 용정리 곰솔	전남 무안군 현경면 용정리 35-9(월두마을)	
43	영암 양장리 곰솔	전남 영암군 군서면 양장리 485	352
44	고흥 옥하리 곰솔	전남 고흥군 고흥읍 옥하리 145-8	
45	고흥 관리탑 상골 곰솔	전남 고흥군 도양읍 관리 991	158

대구 · 울산 · 경북

46	안동 하회마을 만송정 숲	경북 안동시 풍천면 하회리 1164	473
47	안동 하회마을 화수당 노송	경북 안동시 풍천면 하회리 690	
48	안동 하회 소나무(하회송)	경북 안동시 풍천면 하회리 706 화경당(북촌댁) 북촌유거	
49	문경 대하리 소나무	경북 문경시 산북면 대하리 16	426
50	문경 화산리 반송	경북 문경시 농암면 화산리 942	292
51	문경 존도리 소나무	대전시 서구 만년동 396-1 천연기념물센터	
52	문경 종곡리 소나무	경북 문경시 농암면 종곡 3리 71	
53	문경 무송대 소나무	경북 문경시 동로면 적성리 965	
54	상주 상현리 반송	경북 상주시 화서면 상현리 50-1	293
55	상주 낙화담 소나무	경북 상주시 화동면 판곡리 477	
56	영양 답곡리 만지송	경북 영양군 석보면 답곡리 159	399
57	구미 독동리 반송	경북 구미시 선산읍 독동리 539	357
58	예천 사부리 소나무	경북 예천군 용문면 사부리 817	
59	예천 천향리 석송령	경북 예천군 감천면 천향리 804	294
60	예천 초간정 소나무	경북 예천군 용문면 죽림리 350	

61	예천 금당실 송림	경북 예천군 용문면 상금곡리 542	469
62	청도 동산리 처진소나무	경북 청도군 매전면 동산리 146	295
63	청도 운문사 처진소나무	경북 청도군 운문면 신원리 1768-7	180
64	의성 월소리 소나무	경북 의성군 안사면 월소리 693	
65	울진 주인리 황금소나무	경북 울진군 북면 주인리(주인 3리) 산 136	
66	울진 수산리 소나무 숲	경북 울진군 근남면 수산리 왕피천 하구	
67	울진 행곡리 처진소나무	경북 울진군 근남면 행곡리(행곡 2리) 627	409
68	포항 내연산 관음폭포 소나무	경북 포항시 송라면	
69	포항 보경사 소나무	경북 포항시 송라면 중산리 622	

부산 · 경남

70	부산 죽성리 해송	부산광역시 기장군 기장읍 죽성리 산 52-1	
71	부산 좌수영지 곰솔	부산시 수영구 수영동 229-1	270
72	부산 동백섬 소나무 숲	부산시 해운대구 우 1동 737	
73	함양 목현리 구송	경남 함양군 휴천면 목현리 854	358
74	함양 벽송사 도인송 · 미인송	경남 함양군 마천면 추성리 259	
75	함양 도천리 소나무	경남 함양군 병곡면 도천리 717	
76	함양 개평리 소나무	경남 함양군 지곡면 개평리 262-1	
77	함양 개평리 소나무군락지	경남 함양군 지곡면 개평리 251 일대	
78	함양 정여창 고택 소나무	경남 함양군 지곡면 개평리 262	
79	거창 당산리 당송	경남 거창군 위천면 당산리 331	410
80	거창 수승대 소나무 숲	경남 거창군 위천면 황산리 890	
81	하동 축지리 문암송	경남 하동군 악양면 축지리 산 83	491
82	하동 송림	경남 하동군 하동읍 광평리 443-10	445

83	의령 성황리 소나무	경남 의령군 정곡면 성황리 산 34	359
84	합천 화양리 소나무	경남 합천군 묘산면 화양리 835	289
제주			
85	제주 산천단 곰솔군	제주시 아라동 375-1번지 외	160
황장봉계 표석			
○	인제 황장봉계 표석	강원도 인제군 북면 한계리 치막골	
○	원주 황장봉계 표석	강원도 원주시 소초면 학곡리 구룡사	
○	영월 황장봉계 표석	강원도 영월군 수주면 두산 2리	
○	문경 황장봉계 표석	경북 문경시 동로면 명전리 188	
○	울진 황장봉계 표석	경북 울진군 서면 소광리 산 251-1	160

주: 비고란의 숫자는 천연기념물 지정번호임.

참고문헌

강판권, ‘나무 중의 으뜸 소나무’(산림조합중앙회, 2008).

국립진주박물관, 『새롭게 다시 보는 임진왜란』(서울: 삼화출판사, 1999).

박상진, ‘포천 직두리의 부부 소나무’(산림조합중앙회, 2007).

박희진, 『소나무와 만다라』(서울: 시와 진실, 2005).

배재수, 『십승지지에 터 잡은 금당실 소나무 숲』(국립산림과학원, 2006).

울진문화원, 『울진의 설화』(울진, 1998).

이동섭, 『우리 민족의 정서와 소나무』(산림조합중앙회, 2008).

임경빈, 『소나무』(서울: 대원사, 2003).

장국현, 『뫼산 소나무송』(서울: 호영, 2008).

전영우, 『우리가 정말 알아야 할 우리 소나무』(서울: 현암사, 2004).

전영우, 『나의 소나무 답사기』(서울: 노트북, 2006).

정동주(윤병삼 그림), 『한국의 소나무』(명상, 2004).

정동주, 『소나무』(서울: 거름, 2000).

탁광일, 『숲이 희망이다』(서울: 책씨, 2005).

저자 **김현우**

인하대학교 강사. 글로벌교육문화연구원 지역연구실장. 자연보호중앙연맹 정책위원장으로 일하고 있으며, 저서로는 『한국정당통합운동사』, 『한국국회론』, 『일본현대정치사』, 『일본국회론』, 『미국연방의회론』, 『은행나무』가 있다.

소나무

변치 않는 푸름 그리고 情

초판인쇄 | 2010년 1월 31일
초판발행 | 2010년 1월 31일

지은이 | 김현우
펴낸이 | 채종준
펴낸곳 | 한국학술정보㈜
주 소 | 경기도 파주시 교하읍 문발리 파주출판문화정보산업단지 513-5
전 화 | 031) 908-3181(대표)
팩 스 | 031) 908-3189
홈페이지 | http://www.kstudy.com
E-mail | 출판사업부 publish@kstudy.com
등 록 | 제일산-115호(2000.6.19)

ISBN   978-89-268-0750-7 03090 (Paper Book)
       978-89-268-0751-4 08090 (e-Book)

는 한국학술정보(주)의 지식실용서 브랜드입니다.